Ausgezogen? Die nackte Wahrheit

Von zuhause raus und auf eigenen Beinen stehen

Maike Backhaus und Lucy Fecho

Akademische Arbeitsgemeinschaft | Mannheim

Postfach 10 01 61 · 68001 Mannheim
Telefon 0621/8626262
Telefax 0621/8626263
www.akademische.de

1. Auflage

Stand: Februar 2023

Zum Zwecke der besseren Lesbarkeit verwenden wir allgemein die grammatisch männliche Form. Selbstverständlich meinen wir aber bei Personenbezeichnungen immer alle Menschen unabhängig von ihrer jeweiligen geschlechtlichen Identität.

Redaktion: Dr. Torsten Hahn, Benedikt Naglik, Maike Backhaus, Lucy Fecho

Geschäftsführer: Christoph Schmidt, Stefan Wahle

Layout und Umschlaggestaltung: futurweiss kommunikationen, Wiesbaden

Bildquelle: ©New Africa – stock.adobe.com

Printed in Poland

ISBN 978-3-96533-291-1

Vorwort

Du hast deine Ausbildung oder dein Studium beendet, willst jetzt richtig loslegen und merkst plötzlich: Habe ich bisher überhaupt nichts Sinnvolles gelernt?

Denn mit der ersten eigenen Wohnung und dem ersten »richtigen« Gehalt stehst du vor völlig neuen Fragen: Sind sechs Monate Probezeit bei der Arbeit ok? Muss ich die neugierigen Fragen des Vermieters bei der Wohnungsbesichtigung wirklich beantworten? Was soll das Gerede von einer Hausratversicherung? Wie schaffe ich es, dass am Monatsende Geld zum Zurücklegen übrig bleibt?

Alle scheinen zu erwarten, dass du die Antworten kennst. Aber woher? In Schule, Ausbildung und Studium bekommt man das nicht erklärt. Ein paar Sachen hast du dir möglicherweise bei deinen Eltern abgeschaut – aber erstens vermutlich nicht alles und zweitens willst du manches vielleicht anders machen als sie.

Wir haben Berufsanfänger, Studierende und Auszubildende gefragt, was sie beschäftigt und haben überlegt, was wir damals, als wir zuhause ausgezogen sind, gerne gewusst hätten. Von Gehaltsabrechnung verstehen über Mietkaution, Auto-Wunschkennzeichen, Aktien kaufen, Steuererklärung machen bis Ordnung halten kamen viele Wünsche und Fragen zusammen, die wir auf den folgenden Seiten beantworten möchten.

Viel Spaß beim Lesen!

Deine Steuertipps-Redaktion

Inhalt

1 Beruf

Worum es jetzt gleich geht:

- Die meisten **Arbeitsverträge** sind unproblematische Standardverträge.
- **Befristete Arbeitsverträge** sind nur unter bestimmten Voraussetzungen erlaubt.
- Wenn du einen **neuen Job** antrittst, löchere deine Kolleginnen und Kollegen mit ganz vielen Fragen.
- Vor einer **Abmahnung** brauchst du keine Angst zu haben, wenn du dich korrekt verhältst.
- Dass man einen Job irgendwann **kündigt,** ist ganz normal.
- Lass dir immer ein **Arbeitszeugnis** geben.

1.1 Arbeitsvertrag

Die meisten Arbeitsverträge sind völlig unproblematische Standardverträge. Du musst normalerweise keine Angst haben, dass dir ein Arbeitgeber eine für dich nachteilige Regelung unterschieben will.

Bei diesem Beitrag möchten wir ausdrücklich darauf hinweisen: Falls dir an deinem Arbeitsvertrag etwas komisch vorkommt, lass dich bitte von einem Rechtsanwalt beraten, am besten von einem Fachanwalt für Arbeitsrecht! Klar, das kostet ein paar Euro (allerdings auch wieder nicht soooo viel, wie die meisten denken). Aber im Zweifel ist es gut investiertes Geld! Falls du Mitglied einer Gewerkschaft bist, gibt es auch dort Ansprechpartner, die dir weiterhelfen können.

Wir dürfen dir hier nur allgemeine Hinweise und Tipps geben; eine individuelle Beratung ist uns gesetzlich leider verboten.

1.1.1 Arbeitsvertrag abschließen

Ein Arbeitsvertrag kann sowohl schriftlich als auch mündlich geschlossen werden, also zum Beispiel auch am Telefon oder per Handschlag.

Ausnahmen:

- Der Arbeitsvertrag oder ein Tarifvertrag, der für dein Arbeitsverhältnis gilt, enthält eine sogenannte »konstitutive Schriftformklausel«. Dann muss der Arbeitsvertrag auf jeden Fall schriftlich geschlossen werden – und auch spätere Änderungen am Vertrag müssen schriftlich erfolgen.
- Auch die Befristung eines Arbeitsvertrages muss schriftlich vereinbart werden, sonst ist sie unwirksam.

Aber: Auch wenn ein Arbeitsvertrag mündlich wirksam geschlossen werden kann, empfiehlt sich aus Beweisgründen der Abschluss eines schriftlichen Vertrages. Falls es irgendwann zum Streit über das Arbeitsverhältnis kommt, kann dann genau nachgelesen werden, was vereinbart wurde.

Die wenigsten Arbeitgeber setzen für jedes Arbeitsverhältnis einen neuen Arbeitsvertrag auf. Meistens werden vorformulierte Verträge verwendet, um Arbeitsverhältnisse hinsichtlich der Arbeitsbedingungen gleich zu behandeln.

1.1.2 Was wird im Arbeitsvertrag geregelt?

In der Regel wirst du einen schriftlichen Arbeitsvertrag bekommen. Aber grundsätzlich ist es egal, ob du dich mit deinem Arbeitgeber mündlich oder schriftlich einigst: Ein paar Dinge müsst ihr klären, bevor du deinen Job antrittst! Denn durch den Abschluss eines Arbeitsvertrags entstehen für beide Vertragsparteien Rechte und Pflichten. Hier haben wir die wichtigsten Punkte zusammengefasst – natürlich können im Arbeitsvertrag noch weitere Dinge geregelt werden!

Arbeitsort

- Wenn im Arbeitsvertrag der Arbeitsort detailliert festgelegt ist, zum Beispiel mit Angabe einer bestimmten Filiale, darf dein Arbeitgeber dich grundsätzlich auch nur dort einsetzen.
- Ist deine Tätigkeit typischerweise mit wechselnden Arbeitsorten verbunden (z.B. bei Außendienstmitarbeitern), steht im Vertrag normalerweise nichts zum Arbeitsort.
- Ist der Arbeitsort nicht im Einzelnen festgelegt, erfolgt die Zuweisung des konkreten Einsatzorts auf Grundlage des sogenannten Direktionsrechts durch den Arbeitgeber.

Bei der Ausübung dieses Direktionsrechts darf dein Arbeitgeber aber auch nicht alles machen, was er will: Er muss alle Umstände des Einzelfalls berücksichtigen und auch auf deine persönlichen Umstände Rücksicht nehmen (z.B. Kinderbetreuung, Wohnort), sofern diesen nicht gewichtige betriebliche Gründe oder gleichermaßen schutzwürdige Belange anderer Arbeitnehmer entgegenstehen.

Um bei dem Beispiel mit der Filiale zu bleiben: Die Zuweisung einer anderen Filiale am selben Ort oder in unmittelbarer Nähe deiner bisherigen Arbeitsstätte ist in der Regel zumutbar. Kannst du allerdings einen weit entfernten Arbeitsort nicht erreichen, weil du auf die Benutzung öffentlicher Verkehrsmittel angewiesen bist (und die dort nicht hinfahren oder du ewig unterwegs wärst), muss dein Arbeitgeber das berücksichtigen.

Versetzungen an einen anderen Arbeitsort auf Grundlage des Direktionsrechts sind grundsätzlich auf das Gebiet der Bundesrepublik Deutschland beschränkt. Eine Arbeitstätigkeit im Ausland (z.B. bei international agierenden Unternehmen) erfolgt regelmäßig auf Grundlage eines sogenannten »Entsendevertrags«, der besonderen Anforderungen genügen muss. Hierzu solltest du dich unbedingt fachkundig beraten lassen, zum Beispiel von einem Anwalt oder der Gewerkschaft.

Tätigkeitsbeschreibung

Was du zu leisten hast, ergibt sich aus dem Arbeitsvertrag. Grundsätzlich genügt eine allgemeine Tätigkeitsbeschreibung den rechtlichen Erfordernissen. Um Streit darüber zu vermeiden, solltest du auf eine genaue Beschreibung der geschuldeten Arbeitsleistung, deines Verantwortungsbereichs und deiner Stellung innerhalb der betrieblichen Hierarchie im Arbeitsvertrag achten. Das ist beispielsweise durch eine Bezugnahme auf die Stellenanzeige möglich, die dann als Anlage zum Arbeitsvertrag beigefügt wird.

Ist die Tätigkeit im Arbeitsvertrag genau festgelegt, darf dein Arbeitgeber dir einseitig keine zusätzlichen oder anderen Aufgaben aufbürden.

Bezahlung

Die Höhe deines Gehalts ergibt sich aus dem Arbeits- oder Tarifvertrag. Achte darauf, dass insbesondere folgende Punkte geregelt sind:

- die Höhe des Bruttomonatsgehalts;
- zusätzliche Leistungen (z.B. Weihnachts- oder Urlaubsgeld, Beihilfen, Spesen, vermögenswirksame Leistungen, Versorgungszusagen, Dienstwagen) sowie die Berechnungsgrundlage für variable Entgeltbestandteile (z.B. Zuschläge, Prämien, Sonderzahlungen);
- die Fälligkeit der Vergütung, das heißt, wann dein Gehalt jeweils an dich auszuzahlen ist (Monatsanfang, Monatsende).

Auch die Frage der Gehaltserhöhung sollte im Arbeitsvertrag geregelt werden – außer er fällt unter einen Tarifvertrag, denn dann wird dein Gehalt automatisch erhöht. Vereinbare dazu mit deinem Arbeitgeber eine sogenannte »Anpassungsklausel«, wonach der Arbeitgeber zur vertraglichen Gehaltsanpassung verpflichtet wird.

Zusätzlich können die folgenden entgeltrelevanten Punkte im Arbeitsvertrag geregelt werden:

- **Provisionen:** Diese bekommst du nur, wenn dies ausdrücklich in deinem Arbeitsvertrag vereinbart wurde. Achte darauf, dass dir ein monatlicher Mindestverdienst garantiert wird!
- **Vermögenswirksame Leistungen:** »VL« erhältst du nur bei ausdrücklicher Vereinbarung in deinem Arbeitsvertrag. Du kannst aber auch von deinem Arbeitgeber verlangen, dass er einen Teil deines normalen Gehalts vermögenswirksam für dich anlegt (z.B. Bausparvertrag, Lebensversicherung), auch wenn er nichts dazuzahlt.
- **»13.« Monatsgehalt:** Das 13. Monatsgehalt muss ausdrücklich vereinbart werden. Aus der Vereinbarung sollte deutlich werden, dass dir das 13. Gehalt als zusätzlicher Lohn für erbrachte Arbeitsleistungen gezahlt wird.
- **Gratifikationen:** Mit Sonderzuwendungen wie Weihnachtsgeld oder Urlaubsgeld oder Jubiläumszuwendungen wird in der Regel deine Betriebstreue belohnt. Der Anspruch auf eine Gratifikation kann entweder einzelvertraglich vereinbart werden, sich aus einem Tarifvertrag ergeben oder aus betrieblicher Übung entstehen. Letzteres ist der Fall, wenn dir dein Arbeitgeber wiederholt und gleichförmig (mindestens drei Mal hintereinander und in der gleichen Höhe) vorbehaltlos die Leistung gewährt. Betriebliche Übung entsteht jedoch nicht, wenn er die Leistung unter einen Freiwilligkeitsvorbehalt stellt (das steht dann in dem Schreiben, mit dem dir die Zahlung der Gratifikation angekündigt wird) oder in unterschiedlicher Höhe nach »Gutdünken« oder der wirtschaftlichen Entwicklung bezahlt.

Wenn dein Arbeitgeber anderen Mitarbeitern im Betrieb oder Unternehmen die Gratifikation zahlt, darf er dich ohne sachlichen Grund nicht von der Leistung ausschließen. Falls du in Teilzeit arbeitest, bekommst du diese Leistung dann anteilig.

Arbeitszeit

Wie viele Stunden du arbeiten musst, Arbeitsanfang und Arbeitsende werden meistens im Arbeitsvertrag oder (wenn vorhanden) im Tarifvertrag geregelt. Findet sich dort ausnahmsweise keine Regelung, gelten die im Betrieb üblichen Zeiten.

Die Grenzen der Arbeitszeit regelt das Arbeitszeitgesetz (ArbZG): Danach darfst du in der Regel nicht mehr als acht Stunden pro Werktag arbeiten (übrigens ist auch der Samstag ein Werktag). Die maximale Wochenarbeitszeit beträgt 48 Stunden. An Sonn- und Feiertagen musst du grundsätzlich nicht arbeiten, wobei es natürlich Ausnahmen gibt für bestimmte Berufe, zum Beispiel Ärzte, Krankenschwestern und Hotelangestellte, oder in Notfällen, wie zum Beispiel bei Naturkatastrophen oder dem Ausfall wichtiger Maschinen.

Eine Erhöhung auf zehn Stunden täglich ist möglich, wenn innerhalb von sechs Monaten oder innerhalb von 24 Wochen im Durchschnitt die 8-Stunden-Grenze eingehalten wird. Du musst also an anderen Tagen entsprechend weniger arbeiten, damit sich die Stundenzahl wieder ausgleicht.

Was zählt zur Arbeitszeit?

Die Zeit von Beginn bis zum Ende der Arbeit – unabhängig davon, ob du tatsächlich gearbeitet hast oder nicht (z.B. wenn du aus technischen Gründen keinen Zugriff auf deinen Rechner hattest).

Zur Arbeitszeit zählen auch Zeiten der Arbeitsbereitschaft und Bereitschaftsdienste. Das sind Dienstzeiten, in denen du dich im Betrieb aufhalten musst, um jederzeit auf Abruf tätig zu werden.

Davon zu unterscheiden ist die »Rufbereitschaft«: Hier musst du dich an einem Ort deiner Wahl – das kann auch zuhause sein – bereithalten und wirst nur bei Bedarf tätig. In diesem Fall zählt nur die tatsächliche Inanspruchnahme als Arbeitszeit.

Auch Dienstreisen und sonstige Wegezeiten, die du aufwendest, um an einen auswärtigen Arbeitsort zu gelangen, gelten jedenfalls während der regulären Arbeitszeit als Arbeitszeit. Für Reisezeiten außerhalb der regulären Arbeitszeit (z.B. Beginn der Reise am Sonntag) solltest du mit deinem Arbeitgeber eine ausdrückliche Regelung treffen.

Der Weg zur Arbeit, Pausen sowie Umkleidezeiten und Waschzeiten gehören in der Regel nicht zur Arbeitszeit im Sinne des Arbeitszeitgesetzes.

Was gilt für Überstunden?

Überstunden können von dir nur verlangt werden, soweit die gesetzlichen Höchstarbeitszeiten nach dem ArbZG eingehalten werden. Gibt es in deinem Betrieb einen Betriebsrat, muss dieser der Anordnung von Überstunden zustimmen.

Eine Pflicht zur Erbringung von Überstunden besteht immer dann, wenn du dies in deinem Arbeitsvertrag zugesagt hast oder für die Mehrarbeit betriebliche Gründe und Notfälle bestehen (z.B. muss ein wichtiger Auftrag termingerecht fertiggestellt werden, weil andernfalls dem Betrieb hohe Schadensersatzzahlungen drohen).

Wenn dir die Arbeitsleistung über die vereinbarte Zeit hinaus unzumutbar ist (z.B. weil du keine Betreuungsmöglichkeit für dein Kleinkind hast), darfst du die Überstunden ablehnen!

Die Überstundenvergütung richtet sich nach der Regelung deines Arbeits- oder Tarifvertrages. Darin wird festgelegt, unter welchen Voraussetzungen und in welchem Umfang du zur Ableistung von Überstunden verpflichtet bist und in welcher Form diese vergütet werden (z.B. in Geld oder durch »Abfeiern«, also Freistellung von der Arbeitspflicht zu einem späteren Zeitpunkt).

Bei außertariflich Angestellten ist eine bestimmte Zahl von Überstunden häufig bereits mit dem Gehalt abgegolten. Das heißt: Für eine gewisse Anzahl an Überstunden gibt es weder Geld noch Freizeitausgleich.

Urlaub

Wie viele bezahlte Urlaubstage du pro Kalenderjahr bekommst, ergibt sich aus deinem Arbeitsvertrag oder einem Tarifvertrag. Nach dem Bundesurlaubsgesetz (BUrlG) stehen dir aber mindestens 24 Werktage zu (»gesetzlicher Mindesturlaub«). Klingt gar nicht so schlecht – allerdings ist auch der Samstag ein Werktag! Und entsprechend geht das Gesetz auch von einer 6-Tage-Woche aus, und ruckzuck bleiben bei einer 5-Tage-Woche nur noch 20 Tage Urlaub übrig.

Glücklicherweise wird das aber von den wenigsten Arbeitgebern so umgesetzt: In der Praxis sehen viele Arbeitsverträge einen zusätzlichen Anspruch vor. Oft kommt man so auf 30 Tage Urlaub.

Feiertage

An gesetzlichen Feiertagen musst du nicht arbeiten, wirst aber trotzdem bezahlt. Ausnahme natürlich: Wenn du an diesem Tag sowieso nicht gearbeitet hättest, zum Beispiel weil du an dem fraglichen Wochentag immer frei hast oder nach deinem Dienstplan nicht hättest arbeiten müssen.

Maßgebend sind die Feiertage, die sich aus den Sonn- und Feiertagsgesetzen der Bundesländer ergeben. Für kirchliche Feiertage oder »Brauchtumstage« (z.B. regionale Feiertage wie der »freie« Rosenmontag) gilt das Gesetz nicht.

Kündigung

Die Kündigungsfrist steht entweder in deinem Arbeitsvertrag oder im Tarifvertrag. Sie orientiert sich entweder an der gesetzlichen Regelung in § 622 BGB, an gesetzlichen Sonderkündigungsfristen (z.B. für Auszubildende) oder du triffst eine einzelvertragliche Regelung mit deinem Arbeitgeber.

! Definition: Die Kündigungsfrist umfasst den Zeitraum, der zwischen dem Tag des Zugangs der Kündigung und dem eigentlichen Kündigungstermin, also dem Datum der tatsächlichen Beendigung des Arbeitsverhältnisses, liegt.

Verschwiegenheitsverpflichtung

Als Arbeitnehmer musst du auf die geschäftlichen Interessen deines Arbeitgebers Rücksicht nehmen und darfst nicht über Betriebsinterna sprechen. Das gilt auch dann, wenn es nicht ausdrücklich in deinem Arbeitsvertrag steht! Außerdem musst du sogenannte Geschäftsgeheimnisse und Betriebsgeheimnisse für dich behalten. Dazu gehören Kundenlisten, Umsatzzahlen, besondere Produktionsmethoden sowie berechtigte wirtschaftliche Interessen des Arbeitgebers (z.B. Kreditwürdigkeit).

Diese Verschwiegenheitspflicht gilt auch dann weiter, wenn du kündigst oder das Unternehmen aus einem anderen Grund verlässt.

Wenn du gegen diese Regeln verstößt, kannst du eine Abmahnung oder sogar Kündigung erhalten. Außerdem musst du Schadensersatz zahlen und kannst sogar strafrechtlich belangt werden.

Wettbewerbsverbot

Während des Arbeitsverhältnisses darfst du deinem Arbeitgeber keine Konkurrenz machen, so viel ist klar. Du darfst also weder für einen Wettbewerber einen Nebenjob ausüben noch selbstständig zu deinem Arbeitgeber in Konkurrenz treten.

Dieses Verbot endet normalerweise dann, wenn das Arbeitsverhältnis nicht mehr besteht. Dein Arbeitgeber kann dir aber im Arbeitsvertrag auferlegen, dass du bis zu einer Höchstdauer von zwei Jahren ein sogenanntes nachvertragliches Wettbewerbsverbot einhalten musst. Voraussetzung ist allerdings, dass er sich hierfür auf ein berechtigtes geschäftliches Interesse berufen (z.B. Schutz von Kundenbeziehungen). Dieses nachvertragliche Wettbewerbsverbot muss schriftlich vereinbart werden. Beide Vertragsparteien müssen unterschreiben. Als Arbeitnehmer bekommst du ein Originalexemplar des Vertrages ausgehändigt.

Als Gegenleistung für das Wettbewerbsverbot muss dein Arbeitgeber dir eine Entschädigung zahlen (sog. »Karenzentschädigung«).

1.1.3 Probezeit und »Arbeiten auf Probe«

»Drum prüfe, wer sich ewig bindet:« Irgendwie gilt das auch für Arbeitsverhältnisse (obwohl diese selten »ewig« dauern). Zwei Möglichkeiten stehen dir und deinem Arbeitgeber zur Verfügung, um zu testen, ob ihr zueinander passt:

Unbefristetes Arbeitsverhältnis mit einer Probezeit

Das ist die am meisten verbreitete Variante: Ihr vereinbart eine Probezeit, die höchstens sechs Monate dauern darf. Wenn ihr euch zunächst auf eine kürzere Probezeit einigt, könnt ihr sie noch nachträglich auf bis zu sechs Monate verlängern.

Während der Probezeit kann das Arbeitsverhältnis von beiden Seiten gekündigt werden. Die Kündigung muss nicht begründet werden – das gilt nicht nur für eine Kündigung durch den Arbeitgeber, sondern auch dann, wenn du selbst möglichst schnell wieder weg möchtest und kündigst. Die Kündigungsfrist während der Probezeit beträgt normalerweise zwei Wochen, so steht es auch im Gesetz (§ 622 Abs. 3 BGB). Ihr könnt die Kündigungsfrist verlängern. Verkürzen geht nur, wenn der Tarifvertrag das möglich macht (ohne Tarifvertrag keine Verkürzung der Kündigungsfrist in der Probezeit!): Viele Tarifverträge sehen eine kürzere Probezeitkündigungsfrist vor, zum Beispiel in der Zeitarbeitsbranche. In einigen Fällen beträgt die Kündigungsfrist dann nur wenige Tage.

Wenn die Probezeit abgelaufen ist, liegt automatisch ein unbefristetes Arbeitsverhältnis vor. Ab jetzt gelten für dich die Regelungen des Kündigungsschutzgesetzes.

Befristetes Probearbeitsverhältnis

Vielleicht hast du schon einmal mitbekommen, dass es zum Thema »befristetes Arbeitsverhältnis« immer wieder Streit gibt. Wann darf man befristen, wie lange und wie oft hintereinander? Darüber gibt es viele Prozesse vor den Arbeitsgerichten.

Sicher ist:

- Die Einstellung zur Probe ist ein sogenannter »sachlicher Grund« für eine Befristung, also ausdrücklich erlaubt.
- Die Befristung muss schriftlich vereinbart werden, sonst ist sie unwirksam.
- Und: Die Dauer der Befristung muss in einem angemessenen Verhältnis zum Erprobungszweck stehen. Sechs Monate reichen normalerweise aus, sagt das Bundesarbeitsgericht.

Ein befristetes Probearbeitsverhältnis kann nicht vor dem Ende der Befristung gekündigt werden – es sei denn, man hat das ausdrücklich so vereinbart (im Vertrag steht dann, dass die »ordentliche Kündbarkeit« vereinbart wurde).

Das befristete Probearbeitsverhältnis endet automatisch mit Befristungsablauf. Man schließt also entweder anschließend einen unbefristeten Vertrag oder man geht wieder getrennte Wege.

1.2 Befristete Arbeitsverträge

Viele Arbeitgeber möchten neue Mitarbeiter erst einmal nur auf Zeit einstellen. Vorteil für den Chef: Ein befristetes Arbeitsverhältnis endet automatisch mit Ablauf der Zeit, für die es eingegangen wurde, also ohne dass es einer Kündigung bedarf.

Um dich – den Arbeitnehmer – in dieser Situation zu schützen, sind befristete Arbeitsverträge nur unter bestimmten Voraussetzungen erlaubt:

- Die Befristung eines Arbeitsverhältnisses muss zwingend schriftlich vereinbart werden. Dieses sogenannte »Schriftformerfordernis« gilt aber nur für die Vereinbarung, dass es eine Befristung geben soll. Alle anderen Vertragsbedingungen des Arbeitsvertrags können mündlich vereinbart werden. Fehlt die Schriftform, kommt ein unbefristetes Arbeitsverhältnis mit dem verabredeten Inhalt zustande.
- Es ist zum einen möglich, die Dauer des Arbeitsverhältnisses zeitlich festzulegen (z.B. für einen bestimmten Zeitraum oder bis zu einem konkreten Datum). Zum anderen kann der Zweck die Dauer bestimmen (z.B. Projektarbeit, Krankheitsvertretung).

Es gibt zwei Arbeiten von befristeten Arbeitsverhältnissen: Die Befristung eines Arbeitsverhältnisses ist möglich, wenn hierfür ein sachlicher Grund gegeben ist (z.B. zur Vertretung oder zur Erprobung). Ausnahmsweise ist die Befristung auch ohne Sachgrund möglich, beispielsweise für die Höchstdauer von zwei Jahren. Innerhalb dieser Höchstdauer darf eine Befristung höchstens 3-mal verlängert werden. Besonderheiten gelten für die Beschäftigung in einem neu gegründeten Unternehmen.

Ein befristeter Arbeitsvertrag ist während seines Bestands nicht ordentlich kündbar; es sei denn, du hast das mit deinem Arbeitgeber ausdrücklich vereinbart. Bei schweren schuldhaften Arbeitsvertragsverletzungen ist aber eine außerordentliche Kündigung möglich, ebenso der Abschluss eines Aufhebungsvertrags.

1.3 Der erste Arbeitstag

Am ersten Arbeitstag bist du wahrscheinlich ziemlich nervös. Das ist ganz normal und geht allen so – auch wenn manche das nach ein paar Jahren angeblich vergessen ...

Hier haben wir einige Tipps zusammengefasst, die dir am und vor dem ersten Arbeitstag helfen können.

1.3.1 Vor dem ersten Arbeitstag: Fragen stellen!

Schon vor deinem ersten Arbeitstag kannst du wichtige Informationen für den Start in den Job einholen.

- Erkundige dich, wann du am ersten Arbeitstag da sein sollst. Wo sollst du dich melden, wer ist dein Ansprechpartner oder deine Ansprechpartnerin? Gibt es einen Mitarbeiterparkplatz?
- Was musst du eventuell mitbringen? Das können – je nach Beruf und Tätigkeit – zum Beispiel Sicherheitsschuhe sein, Unterlagen für die Personalabteilung usw.
- Wie ist der Dresscode? Förmlich oder Casual, Anzug oder Jeans?
- Wie wird der erste Arbeitstag ablaufen? Viele Firmen haben Einarbeitungsunterlagen und -pläne für neue Mitarbeiter, die man dir vielleicht schon vor dem ersten Tag zur Verfügung stellen kann. Dann weißt du schon ein bisschen besser, was auf dich zukommt.

1.3.2 Am ersten Arbeitstag: Noch mehr Fragen stellen!

Jetzt beginnt das sogenannte »Onboarding«, das sehr unterschiedlich ausfallen kann: In einigen Unternehmen gibt es ein Paten- oder Buddy-Programm, bei dem dir ein Kollege als fester Ansprechpartner zur Verfügung gestellt wird. Wenn das bei dir der Fall sein sollte: Herzlichen Glückwunsch! Diesen Kollegen kannst du mit allen Fragen löchern, die du in den nächsten Wochen oder Monaten hast.

Das können Fragen sein zu deiner Tätigkeit, aber auch zu den ungeschriebenen Gesetzen im Team oder der Firma, zu Strukturen und auch zur »Chemie« zwischen einzelnen Abteilungen oder Kollegen.

In anderen Firmen wirst du dir am Anfang vielleicht ein bisschen allein gelassen vorkommen. Dann beiß dich durch und nimm es deinen neuen Kollegen nicht übel. Oft haben sie so viel zu tun, dass wenig Zeit für die Einarbeitung neuer Kollegen bleibt. Stell trotzdem Fragen, lass dir Dinge erklären und zeigen – schließlich bist du ja dafür da, dass sich die Arbeit künftig auf mehr Schultern verteilt!

Am ersten Arbeitstag wirst du deine Arbeitsmaterialien erhalten, zum Beispiel Laptop, Headset, Telefon, ggf. Arbeitskleidung, Ausrüstung usw. Dann wird dich in den meisten Fällen dein Vorgesetzter (oder ein Kollege) ein bisschen herumführen, damit du das Gebäude und vor allem auch die Kollegen kennenlernst. Wahrscheinlich wird man dir viel über die Struktur des Unternehmens erzählen, das Organigramm erklären, Projektunterlagen mit dir durchgehen, die nächsten Tage planen und so weiter. Die Details unterscheiden sich ein bisschen, je nach Art deiner Tätigkeit.

Vielleicht nimmt man dich auch gleich zum Mittagessen mit. Falls es keine Kantine gibt und die Kollegen es gewöhnt sind, sich ihr Mittagessen selbst mitzubringen, solltest du auch darauf vorbereitet sein. Pack dir also ein »Pausenbrot« ein und etwas zu trinken. Deine Verpflegung sollte in paar Stunden ohne Kühlung durchhalten.

Hier sind nun unsere Tipps für den ersten Arbeitstag:

- Stell dein Smartphone stumm und lass es den ganzen Tag in deiner Tasche! Social Media muss bis nach Feierabend warten, jetzt wird gearbeitet. (Falls du dein Telefon als Uhr benutzt, zieh vielleicht in den ersten paar Tagen besser eine Armbanduhr an.)
- Sei pünktlich – lieber fünf Minuten zu früh als zu spät.
- Nimm dir ein kleines Notizbuch mit und einen Stift. Dann kannst du dir gleich Notizen machen, wenn du Kollegen kennenlernst, Abläufe erklärt bekommst oder dir zwischendurch Fragen einfallen, die du später stellen möchtest.

- Wenn du geduzt wirst, duze zurück. Wenn dein Gegenüber keine Anrede verwendet, sag vorsichtshalber erst einmal »Sie«.
- Überlege dir ein paar Sätze, mit denen du dich vorstellen möchtest: Was hast du bisher gemacht, was wirst du in deinem neuen Job tun? Das wirst du in den ersten Tagen häufig gefragt werden. Sag, dass du dich auf die (Zusammen)Arbeit freust. Und falls du am ersten Tag beim Reden einen roten Kopf bekommst und anfängst zu stottern: Erkläre einfach, dass du heute nervös bist. Das nimmt dir keiner übel, im Gegenteil: alle werden es sympathisch finden und an ihren eigenen ersten Arbeitstag zurückdenken.
- Bedanke dich, wenn sich jemand bei dir vorstellt und von seiner Arbeit erzählt (das hättest du sicher auch ohne unseren Tipp getan).
- Zeige Interesse an der Arbeit der anderen Mitarbeiter, egal in welcher Abteilung sie sind. Sei offen für alles und jeden und stelle Fragen.
- Sei nett zu Hausmeistern und Sekretärinnen. Erstens bist du natürlich zu allen Menschen nett und zweitens wirst du ihre Hilfe noch brauchen.
- Wenn du in einem Büro arbeitest bzw. nicht im Schichtdienst: Mach nicht superpünktlich Feierabend, sondern bleib ein paar Minuten länger.

1.3.3 Die ersten zwei Monate: Fragen stellen und zuhören

Den ersten Tag hast du geschafft und mit jedem Tag findest du dich besser zurecht. Denke aber daran: Niemand mag Besserwisser! Was du im Studium oder in der Ausbildung gelernt hast, solltest du nicht jedem ungefragt auf die Nase binden.

Und fang bloß nicht an, sämtliche Abläufe und Entscheidungen infrage zu stellen! In den ersten (mindestens) vier Wochen hörst du vor allem zu. Frag stattdessen, warum Dinge auf eine bestimmte Art und Weise erledigt werden – oft gibt es tatsächlich einen Grund dafür. Denk über die Antworten nach, aber verkneife dir ein »an der Uni habe ich das aber so gelernt« oder »nach neuesten arbeits- und organisationspsychologischen Studien macht man das anders«. Erst nach sechs bis acht Wochen kannst du Verbesserungsvorschläge anbringen – aber auch dann bitte taktvoll und nicht besserwisserisch.

Was ist das Schönste bei der Arbeit? Genau, manchmal bringen Leute Kuchen mit! Zum Beispiel zum Einstand. Erkundige dich bei Kollegen, was im Unternehmen üblich ist. Falls Sekt vorgeschlagen wird, frage vorsichtshalber noch einmal beim Vorgesetzten nach, ob Alkohol bei der Arbeit wirklich erlaubt ist.

Nach zwei bis drei Wochen ist ein guter Termin für einen kleinen Einstand – dann kennst du schon ein paar Leute und gehörst zum Team dazu.

1.4 Gehaltsabrechnung verstehen

Das erste Gehalt ist da! Du freust dich darüber und planst schon, für was du es denn nutzen könntest. Die Gehaltsabrechnung bekommst du kurze Zeit vor oder kurze Zeit nach dem Zahlungseingang zugeschickt.

1.4.1 Mustergehaltsabrechnung

Wenn du dir deine Gehaltsabrechnung genauer anschaust, wirst du feststellen, dass dort viele verschiedene Kürzel und Ziffern auftauchen. In diesem Kapitel möchten wir dir helfen, dich besser zurechtzufinden.

! Wichtig zu wissen ist, dass es keine Norm für das Aussehen der Gehaltsabrechnungen gibt, da jedes Abrechnungsprogramm ein anderes Design verwendet. Die Anordnung der verschiedenen Angaben und Informationen variiert daher von Programm zu Programm.

Anhand der Musterabrechnung möchten wir dir die einzelnen Abschnitte der Gehaltsabrechnung aufzeigen und erklären.

Abrechnung der Brutto/Netto-Bezüge für November 2023 — 24.11.2023 — Blatt: 1

Personal-Nr.	Geburtsdatum	StKl	Faktor	Ki.Frbtr.	Konfession	Freibetrag jährl.[1]	Freibetrag mtl.[1]	DBA	Midijob	St.-Tg.
01072	25.05.1999	1			vd					30

SV-Nummer	Krankenkasse	KK %[8]	PGRS	BGRS	SV-Tg.
12250599M123	Bleib Gesund - Krankenkasse	16,2	101	1111	30

Eintritt	Austritt
01.01.2023	

Steuer-ID	MFB[7]
99999999999	

VJ Url. üb.	Url. Anspr.	Url.Tg.gen.	Resturlaub
Anw. Tage	Urlaub Tage	Krankh. Tg.	Fehlz. Tage
Anw. Std.	Urlaub Std.	Krankh. Std.	Fehlz. Std.
	Zeitlohn Std.	Überstd.	Bez. Std.

Beispiel GmbH, Musterstraße 5, 12345 Musterhausen

Max Mustermann
Beispielweg 1
12345 Musterhausen

Bank: Musterbank
Konto: DE99 1234 5678 0000 1234 56

Brutto-Bezüge

Lohnart	Bezeichnung	Einheit[2]	Menge[3]	Faktor[3]	Prozentsatz	St[4]	SV[4]	GB[5]	Betrag
1000	Gehalt					L	L	J	3.500,00
1250	Tankgutschein					F	F	J	50,00
2200	13. Gehalt					S	E	J	3.500,00

Gesamt-Brutto 7.050,00

Steuer/Sozialversicherung

St[4]	Steuer-Brutto	Lohnsteuer	Kirchensteuer	Solidaritätszuschlag	Steuerrechtliche Abzüge
L	3.500,00	461,25			461,25
S	3.500,00	879,00			879,00

SV[4]	KV-Brutto	RV-Brutto	AV-Brutto	PV-Brutto	KV-Beitrag	RV-Beitrag	AV-Beitrag		PV-Beitrag[6]	SV-rechtliche Abzüge
L	3.500,00	3.500,00	3.500,00	3.500,00	283,50	325,50	45,50	Z	65,63	720,13
E	3.500,00	3.500,00	3.500,00	3.500,00	283,50	325,50	45,50	Z	65,63	720,13

Netto-Verdienst 4.269,49

Verdienstbescheinigung

Gesamt-Brutto	42.550,00	SV-Brutto	42.000,00
Steuer-Brutto	42.000,00	KV-Beitrag	3.402,00
Lohnsteuer	5.952,75	RV-Beitrag	3.906,00
Kirchensteuer		AV-Beitrag	546,00
Solidaritätszuschlag		PV-Beitrag	787,56
Steuerfreie Bezüge	550,00	VWL gesamt	
P. verst. Zuk.sich.		Kug-Auszahlung	
Pfändung Rest			
Darlehen Rest			

Netto-Bezüge/Netto-Abzüge

Lohnart	Bezeichnung	Betrag
9000	Be-/Abzug	- 50,00

SV-AG-Anteil 707,88

Auszahlungsbetrag 4.219,49

[1] H = Hinzurechnungsbetrag
[2] Std = Stunden, T = Tage, Km = Kilometer, St = Stück EUR = Euro
[3] Gegebenenfalls Netto-Lohn/Netto-Stundenlohn
[4] L = Laufender Bezug, S = Sonstiger Bezug, F = Frei, E = Einmalbezug, P = Pauschalierung, A = Abfindung, M = mehrjährige Versteuerung, N = Nachberechnung V = Vorjahr, W = Entgeltguthaben
[5] J = Bestandteil des Gesamt-Bruttos
[6] Z = Einschl. Beitragszuschlag zur PV für Kinderlose
[7] MFB = Mehrfachbeschäftigung
[8] Maßgeblicher Beitragssatz zur KV inkl. Zusatzbeitrag

- Dies ist eine Entgeltbescheinigung nach § 108 Abs. 3 Satz 1 der Gewerbeordnung -

Die Gehaltsabrechnung erscheint dir wahrscheinlich zunächst uninteressant, weil du ja dein Geld bekommen hast. Wenn du eine fixe Vergütung hast, dann ändert sich auch nicht jeden Monat dein Gehalt. Allerdings solltest du in regelmäßigen Abständen einen Blick auf deine Gehaltsabrechnung werfen. Vor allem, wenn du eine neue Arbeitsstelle begonnen hast, ist ein Blick auf die erste Abrechnung wichtig um eventuelle Fehler, die bei der Erfassung passieren können, rechtzeitig zu melden und zu korrigieren.

1.4.2 Die verschiedenen Abschnitte einer Gehaltsabrechnung

1. Abschnitt – Angaben Arbeitgeber und Arbeitnehmer

Die Angaben, die eine Gehaltsabrechnung – auch Entgeltbescheinigung genannt – enthalten muss, sind gesetzlich in der sogenannten Entgeltbescheinigungsverordnung (»EBV«) geregelt.

Zu den Pflichtangaben gehören:

- Name und Anschrift deines Arbeitgebers
- deine persönlichen Daten (Name, Anschrift und Geburtstag)
- deine Steuerklasse
- deine Steueridentifikationsnummer
- deine Versicherungsnummer
- deine Religionszugehörigkeit
- Eintrittsdatum/Austrittsdatum
- Abrechnungszeitraum und Anzahl der darin enthaltenen Steuer- und Sozialversicherungstage
- Beitragsgruppenschlüssel (bei »normalem« Anstellungsverhältnis 1111) und zuständige Einzugsstelle für den Gesamtsozialversicherungsbeitrag
- Beitragszuschlag für Kinderlose (falls du denn kinderlos bist)

- ggf. Angabe, dass es sich um einen Midijob (520,01 Euro bis 2.000 Euro) handelt
- ggf. Angabe, dass es sich um eine Mehrfachbeschäftigung handelt

Angaben über den persönlichen Urlaubsanspruch, die bereits genommenen Urlaubstage sowie die wöchentliche Arbeitszeit sind freiwillig und werden – wenn sie denn aufgeführt werden – meist zusammen mit den anderen Angaben im ersten Abschnitt aufgelistet.

2. Abschnitt – Entgeltbestandteile

Für Gehaltsabrechnungen gibt es einen Mindestumfang an Entgeltbestandteilen, die in der Gehaltsabrechnung aufzuführen sind. Der Mindestumfang wird ebenfalls in der EBV geregelt. Diese Regelung vereinfacht die Nachvollziehbarkeit der abgerechneten Beträge.

Wie auch in der Musterabrechnung aufgezeigt, sind die Entgeltarten – auch Lohnarten genannt – mit der jeweiligen Bezeichnung einzeln aufzulisten und Angaben darüber zu machen, inwieweit die einzelnen Bestandteile des Arbeitslohns in das Steuer-Brutto (»St«), das Sozialversicherungs-Brutto (»SV«) und in das Gesamt-Brutto (»GB«) fließen.

Das Grundgehalt – Bruttogehalt – ist in der Spalte Steuer-Brutto und Sozialversicherungs-Brutto jeweils mit dem Buchstaben »L« gekennzeichnet. Das »L« kennzeichnet das Bruttogehalt sowohl in der Spalte Sozialversicherungs-Brutto als auch in der Spalte Steuer-Brutto als laufenden Bezug.

Bekommst du zu deinem Bruttogehalt zum Beispiel noch zusätzlich einen Tankgutschein, hat dieser beim Steuer-Brutto und Sozialversicherungs-Brutto eine Besonderheit. Die Position ist mit einem »F« gekennzeichnet und bedeutet, dass dieser Betrag frei von Steuern und Sozialversicherungsabgaben ist. Hierbei ist die betragsmäßige Begrenzung von aktuell 50 Euro pro Monat zu beachten, denn bei Überschreitung wird der komplette Betrag steuer- und sozialversicherungspflichtig.

Das 13. Gehalt (z.B. Weihnachtsgeld) gilt in der Spalte Steuer-Brutto als sonstiger Bezug (»S«) und in der Spalte Sozialversicherungs-Brutto als Einmalbezug (»E«). In der Spalte Sozialversicherungs-Brutto erfolgt diese Zuordnung nur, da die sozialversicherungspflichtigen Beiträge nicht wie beim laufenden Bezug mit dem Auszahlungsanspruch des Gehalts entstehen, sondern bereits mit dem Anspruch auf das Gehalt. Steuerlich werden sonstige Bezüge höher als die laufenden Bezüge besteuert, weshalb das 13. Gehalt mit einem »S« gekennzeichnet wird.

Näheres zur Besteuerung vom 13. Gehalt im nachfolgenden Beispiel.

» Nehmen wir mal an, dass du im Jahr 2023 ein monatliches Bruttogehalt von 3.500 Euro hast und ein volles 13. Gehalt on top dazu bekommst. Der Lohnsteuerabzug für das 13. Gehalt berechnet sich wie folgt:

- Berechnung der Jahreslohnsteuer des voraussichtlichen Jahresarbeitslohns ohne 13. Gehalt
- Jahresarbeitslohn 42.000 Euro → Jahreslohnsteuer 1 = 5.535 Euro
- Berechnung der Jahreslohnsteuer des voraussichtlichen Jahresarbeitslohns zzgl. 13. Gehalt
- Jahresarbeitslohn 45.500 Euro → Jahreslohnsteuer 2 = 6.414 Euro
- Berechnung Lohnsteuerabzug des 13. Gehalts

Jahreslohnsteuer 2	./.	Jahreslohnsteuer 1	=	Lohnsteuerabzug 13. Gehalt
6.414 Euro	./.	5.535 Euro	=	879 Euro

Im Vergleich:

Für dein laufendes Bruttogehalt fallen in diesem Beispiel monatlich 461,25 Euro an Lohnsteuer an. Somit fällt für den sonstigen Bezug fast doppelt so viel Lohnsteuer an. Die Kirchensteuer haben wir der Einfachheit halber außen vor gelassen.

Arbeitgeberzuschüsse zur freiwilligen und privaten Kranken- und Pflegeversicherung sowie der Arbeitgeberanteil zur berufsständigen Versorgungseinrichtung sind nicht einzeln aufzuführen.

Am Ende des 2. Abschnitts wird die Summe des Gesamt-Bruttos ausgewiesen. Diese Summe stellt dein Bruttogehalt dar und gehört ebenfalls zu den Mindestangaben nach der EBV.

3. Abschnitt – Steuerrechtliche und Sozialversicherungsrechtliche Abzüge

In diesem Abschnitt der Gehaltsabrechnung wird zunächst das Steuer-Brutto anhand der im 2. Abschnitt vergebenen Kürzel nach laufenden und sonstigen Bezügen aufgeteilt und dann jeweils die Steuerabzugsbeträge berechnet.

Direkt darunter erfolgt ebenfalls die Aufsplittung des Sozialversicherungs-Brutto in laufende Bezüge und Einmalbezüge nach den im 2. Abschnitt vergebenen Kürzeln. Die Aufsplittung gehört ebenfalls zum Mindestumfang der EBV.

Die Lohnsteuer richtet sich nach der amtlichen Lohnsteuertabelle. Die Lohnsteuertabelle ändert sich jährlich, weshalb die Werte hier auch nur beispielhaft dargestellt werden.

Ähnlich ist es bei den Sozialversicherungsbeiträgen. Die Beitragssätze für das Folgejahr werden jährlich bekanntgegeben.

Im Jahr 2023 gelten folgende Beitragssätze:

	Beitragssatz gesamt	**Beitragssatz anteilig**
Krankenversicherung (KV)	14,60 %	7,30 %
durchschnittlicher Zusatzbeitragssatz der KV	1,60 %	0,80 %
Pflegeversicherung (PV)[1)]	3,05 %	1,53 %
Beitragszuschlag für Kinderlose[2)]	0,35 %	–
Arbeitslosenversicherung (AV)	2,60 %	1,30 %
Rentenversicherung (RV)	18,60 %	9,30 %

1) In Sachsen gilt eine Ausnahme: Der Arbeitgeber trägt 1,025 % und der Arbeitnehmer 2,025 % des Beitrags zur Pflegeversicherung.

2) Der Beitragszuschlag in der Pflegeversicherung wird für Kinderlose ab dem 23. Lebensjahr erhoben. In der Gehaltsabrechnung wird er meistens mit »Z« gekennzeichnet.

Während du die Steuern komplett aus deinem Gehalt heraus zahlen musst, werden die Sozialversicherungsbeiträge vom Arbeitgeber und dir jeweils zur Hälfte getragen. Den Beitragszuschlag für Kinderlose hingegen musst du ebenfalls selbst tragen.

Bist du verbeamtet, fallen die gesetzlichen Sozialabgaben weg und du bist in der »Versicherungsfreiheit«. Als Person im Beamtenstatus musst du dich daher um deine Krankenversicherung und Pflegeversicherung selbst kümmern und kannst selbst entscheiden, ob du dich freiwillig in der gesetzlichen Kranken- und Pflegeversicherung oder in der privaten Kranken- und Pflegeversicherung versicherst. Aufgrund des Beamtenstatus fällt die Versicherungspflicht in der Arbeitslosenversicherung komplett weg, da Beamte nicht arbeitslos werden können. Auch die Rentenversicherung fällt weg, da Beamte eine staatliche Pension erhalten.

4. Abschnitt – Aufgelaufene Jahreswerte

Hier werden die bereits abgerechneten Werte inklusive des aktuellen Abrechnungsmonats aufgelistet. Dabei erfolgt – wie bereits in der laufenden Gehaltsabrechnung – eine Aufsplittung der Werte in Sozialversicherungs-Brutto, Steuer-Brutto und Gesamt-Brutto.

5. Abschnitt – Nettogehalt/Nettolohn und Berechnung Auszahlungsbetrag

Nun kommen wir zum wichtigsten Teil der Gehaltsabrechnung!

Der Netto-Verdienst wird ermittelt, indem die steuerrechtlichen und sozialversicherungsrechtlichen Abzüge vom Gesamt-Brutto abgezogen werden.

Um den Auszahlungsbetrag zu ermitteln, werden vom Netto-Verdienst die Netto-Bezüge hinzugerechnet und/oder Netto-Abzüge abgezogen. Netto-Bezüge und Netto-Abzüge fließen nicht in das Steuer-Brutto und Sozialversicherung-Brutto ein. Zu den Netto-Bezügen gehören zum Beispiel Zuschüsse der Arbeitgeber zur privaten

Kranken- und Pflegeversicherung sowie steuerfreier Reisekostenersatz. Zu den Netto-Abzügen gehören zum Beispiel der Tankgutschein, Essensgeld (Kantine) und vermögenswirksame Leistungen.

! Wenn du überprüfen möchtest, ob deine Gehaltsabrechnung korrekt ist, kannst du das ganz einfach auf unserer Internetseite steuertipps.de unter dem Punkt *Service / Rechner / Brutto-Netto Gehaltsrechner* berechnen lassen.

1.5 Abmahnung

»Abmahnung« – das klingt erst einmal schrecklich und viele Angestellte haben Angst davor. Aber erstens darf man nicht aus jedem noch so kleinen Anlass abgemahnt werden und zweitens kann man sich gegen eine (unberechtigte) Abmahnung wehren.

1.5.1 Voraussetzungen für eine Abmahnung

Wenn du gegen Pflichten aus deinem Arbeitsvertrag verstößt, kann dein Arbeitgeber dieses Verhalten beanstanden. Aber nicht jede Beanstandung ist auch gleich eine Abmahnung. Es gibt zum Beispiel auch die »Ermahnung«, die eher einem erhobenen Zeigefinger entspricht und mit der du dazu angehalten werden sollst, deine vertraglichen Pflichten zu erfüllen. Mit Kündigung wird hier (noch) nicht gedroht.

Die Abmahnung geht einen Schritt weiter: Mit einer Abmahnung wird ein konkretes Fehlverhalten des Arbeitnehmers festgehalten und dieser darauf hingewiesen, dass der Arbeitgeber ein bestimmtes Verhalten als vertragswidrig ansieht. Gleichzeitig wird der Arbeitnehmer vor Konsequenzen bei einem weiteren vertragswidrigen Verhalten gewarnt. Diese Konsequenz heißt in der Regel: Kündigung.

Diese Ziele hat eine Abmahnung:

- Sie soll dem Arbeitnehmer klarmachen, dass er seinen Pflichten nachkommen muss, weil ihm im Wiederholungsfall die Kündigung droht.
- Dem Arbeitnehmer soll gleichzeitig die Chance gegeben werden, sein Fehlverhalten zu korrigieren und damit eine Kündigung zu vermeiden.

1.5.2 Form, Inhalt und Frist der Abmahnung

Für die Abmahnung ist gesetzlich keine Form vorgeschrieben. Sie kann schriftlich oder mündlich erfolgen. Allerdings kann im Arbeitsvertrag festgelegt sein, dass eine Abmahnung des Arbeitgebers der Schriftform bedarf.

Eine wirksame Abmahnung setzt voraus, dass

- dem Arbeitnehmer eine konkrete Pflichtverletzung vorgeworfen wird,
- klargestellt wird, dass die betreffende Pflicht vom Arbeitnehmer einzuhalten ist, und
- darauf hingewiesen wird, dass im Wiederholungsfall das Arbeitsverhältnis gefährdet ist.

In der Abmahnung muss das missbilligte Verhalten möglichst genau beschrieben werden. Dazu muss zum Beispiel auch Datum und Uhrzeit des Vertragsverstoßes genannt werden. Ist das nicht der Fall, ist die Abmahnung rechtswidrig. Pauschale Hinweise wie zum Beispiel auf »häufiges Zuspätkommen« oder »mangelhafte Arbeitsleistungen« sind keine Abmahnungen!

In der Abmahnung muss außerdem das abgemahnte Verhalten als Vertragsverstoß gerügt werden und es muss die die Aufforderung enthalten sein, das vertragswidrige Verhalten zu ändern. Zum Schluss muss noch zum Ausdruck kommen, dass der Arbeitnehmer im Wiederholungsfall mit einer Kündigung rechnen muss.

Eine Frist muss der Arbeitgeber für die Abmahnung nicht einhalten. Er kann dich also auch wegen eines zurückliegenden Verhaltens abmahnen. Allerdings kann er sein Recht auf Abmahnung verlieren, zum Beispiel, wenn er das Fehlverhalten über längere Zeit ohne Kritik daran hingenommen hat.

Aber: Fehlverhalten muss nicht mehrfach abgemahnt werden! Eine einzige Abmahnung genügt, um im Wiederholungsfall eine Kündigung aussprechen zu können. Allerdings ist eine Kündigung nur zulässig, wenn der Arbeitnehmer nach einer rechtmäßigen Abmahnung dieselbe Art von Pflichtverstoß begangen hat. Eine Abmahnung wegen häufiger unentschuldigter Verspätungen rechtfertigt keine Kündigung, die wegen eines anderen Fehlverhaltens ausgesprochen wird.

1.5.3 So wehrst du dich gegen eine Abmahnung

Der Arbeitgeber muss sich vor der Abmahnung nicht deine Version der Geschehnisse anhören und muss dir keine Gelegenheit zur Stellungnahme geben.

Du kannst dich aber gegen eine (unberechtigte) Abmahnung wehren. »Unberechtigt« haben wir hier mal in Klammern gesetzt, denn bei einer berechtigten Abmahnung wirst du deinen Fehler sicher einsehen und dein Verhalten ändern. Fühlst du dich aber ungerecht behandelt und bist der Meinung, dass du die Abmahnung zu Unrecht erhalten hast, solltest du dich dagegen wehren.

Dafür hast du mehrere Möglichkeiten:

- Gegen eine Abmahnung steht dir ein gesetzliches Recht auf Gegendarstellung zu. Du kannst, wenn der Arbeitgeber die Abmahnung in die Personalakte aufgenommen hat, eine Gegendarstellung verfassen und verlangen, dass diese Erklärung zur Personalakte genommen wird.
- Behauptet der Arbeitgeber in der Abmahnung unrichtige Tatsachen, die dich in deiner Rechtsstellung und deinem beruflichen

Fortkommen beeinträchtigen können, kannst du die Entfernung der Abmahnung aus der Personalakte verlangen. Das gilt auch dann, wenn die Abmahnung inhaltlich nicht hinreichend bestimmt ist, es sich bei dem vom Arbeitgeber beschriebenen Sachverhalt um eine unerhebliche Pflichtverletzung (»Bagatelle«) handelt oder die Abmahnung statt eines konkret beschriebenen Fehlverhaltens nur pauschale Vorwürfe enthält.

- Den Anspruch auf Entfernung der Abmahnung aus der Personalakte kannst du auch gerichtlich durchsetzen und beim Arbeitsgericht eine sogenannte »Abmahnungsschutzklage« erheben.

1.6 So kündigst du deinen Job

Vermutlich wirst du irgendwann den Arbeitgeber wechseln wollen – das ist völlig normal und du brauchst keine Bedenken haben, eine Kündigung einzureichen!

Am besten schaust du vorher noch einmal in deinem Arbeitsvertrag nach, welche Kündigungsfrist ihr vereinbart habt. Wenn dort nichts steht, findest du die Information im für dich geltenden Tarifvertrag oder in § 622 des Bürgerlichen Gesetzbuches (BGB). Manchmal verlängert sich die Kündigungsfrist auch, je länger ein Arbeitnehmer seinen Job hatte.

»Kündigungsfrist« ist den Zeitraum, der zwischen dem Tag des Zugangs der Kündigung und dem eigentlichen Kündigungstermin, also dem Datum der tatsächlichen Beendigung des Arbeitsverhältnisses, liegt. Plane also einen kleinen Puffer ein, wenn du den Brief einwirfst, denn für die korrekte Berechnung der Kündigungsfrist (und ob du sie eingehalten hast) zählt nicht das Abschicken, sondern der Zugang bei der Personalabteilung bzw. HR oder deinem Chef.

So kannst du das Kündigungsschreiben formulieren:

Sehr geehrte/r Frau/Herr [Vertragspartner],

hiermit kündige ich das mit Ihnen bestehende Arbeitsverhältnis vom ______ ordentlich und fristgerecht zum ______ oder zum nächstmöglichen Zeitpunkt. Bitte bestätigen Sie mir den Erhalt dieser Kündigung und das Aufhebungsdatum des Arbeitsvertrages schriftlich.

Mit freundlichen Grüßen

Die Kündigung schickst du an die Personalabteilung (HR). Vergiss nicht, auch deinen direkten Vorgesetzten gleich zu informieren.

1.7 Arbeitszeugnis

Nach der Beendigung des Arbeitsverhältnisses – also nach der Kündigung – hast du das Recht auf ein Arbeitszeugnis. Du kannst wählen zwischen einem »einfachen Arbeitszeugnis« und einem »qualifizierten Arbeitszeugnis«. Für was auch immer du dich entscheidest: Der Arbeitgeber muss das Zeugnis ausstellen.

1.7.1 Einfaches oder qualifiziertes Arbeitszeugnis: Was ist der Unterschied?

Ein einfaches Arbeitszeugnis wird oft bei kurzen Beschäftigungsverhältnissen ausgestellt. Es wird auch »Arbeitsbescheinigung« genannt.

- Ein einfaches Arbeitszeugnis enthält nur die Personalien, die Beschäftigungsdauer und die Beschreibung der Tätigkeiten des Arbeitnehmers. Leistung und Verhalten des Arbeitnehmers werden nicht bewertet.
- Ein qualifiziertes Arbeitszeugnis enthält ebenfalls Personalien, Beschäftigungsdauer und Tätigkeitsbeschreibung – und außerdem auch eine Bewertung der Leistung und des Verhaltens des Arbeitnehmers.

1.7.2 Zeugnisformulierungen: Darauf musst du achten

Um die Formulierungen im Arbeitszeugnis ranken sich viele Mythen. Manche sind wahr, manche übertrieben. Schau dir dein Arbeitszeugnis auf jeden Fall ganz genau an und nimm im Zweifel die Hilfe eines Rechtsanwalts, der auf Arbeitsrecht spezialisiert ist, in Anspruch. Wenn du Mitglied einer Gewerkschaft bist, bekommst du auch dort Hilfe und Unterstützung bei der Beurteilung der Formulierungen deines bisherigen Arbeitgebers.

Angaben zu Personalien und Beschäftigungsdauer sind eindeutig – aber schon bei der Beschreibung deiner Tätigkeiten musst du aufpassen: Hat der Arbeitgeber wirklich alles aufgezählt, was du gemacht hast? Unwesentliches darf zwar verschwiegen werden, aber alle Aufgaben und Tätigkeiten, die ein Urteil über deine Kenntnisse und Leistungsfähigkeit erlauben und dich für einen künftigen Arbeitgeber interessant erscheinen lassen, müssen aufgezählt werden. Wenn du verschiedene Funktionen nacheinander oder nebeneinander wahrgenommen hast (z.B., wenn du dich von der Assistentin zur Store-Managerin hochgearbeitet hast), müssen sie alle in einem Zeugnis angegeben werden. Es gibt keine getrennten Zeugnisse für die einzelnen Funktionen.

Ganz genau hinschauen musst du dann bei den Aussagen zur Leistungsbewertung und zum Verhalten (auch »Führung« genannt). Leistung und Verhalten werden im Zeugnis beschrieben und dabei gleichzeitig bewertet.

- Die Leistungsbeurteilung muss sich an der Arbeitsaufgabe und den daraus resultierenden Anforderungen orientieren. Es geht also um körperliches und geistiges Leistungsvermögen, Fachkenntnisse, Arbeitsqualität und -güte, Arbeits- und Verantwortungsbereitschaft, Verhandlungsgeschick, Ausdrucksvermögen, Durchsetzungsfähigkeit und Entscheidungsbereitschaft.

- Das Verhalten bzw. die Führung betrifft das Sozialverhalten gegenüber Vorgesetzten, Kollegen und Dritten (also z.B. Kunden und Geschäftspartnern) und gegenüber nachgeordneten Mitarbeitern. Außerdem geht es hier um die Beachtung der betrieblichen Ordnung.

Etwas verklausuliert wird dabei eine Notenskala verwendet, angelehnt an die Schulnoten »sehr gut« bis »mangelhaft«. Achte also auf die richtige Verwendung von Zeitmomenten (z.B. »stets«) und Superlativen (z.B. »äußerst«, »vollste«) sowie das Adverb »sehr«.

Zeugnisformulierungen und ihre Entsprechung in Schulnoten: Beispiele

- Sehr gut: ihre Leistungen haben in jeder Hinsicht unsere volle Anerkennung gefunden, erledigte ihre Aufgaben stets selbstständig mit äußerster Sorgfalt und Genauigkeit, erledigte zugeteilte Aufgaben stets zu unserer vollsten Zufriedenheit
- Gut: wir waren mit seinen Leistungen immer sehr zufrieden, er hat unseren Erwartungen in jeder Hinsicht und bester Weise entsprochen, arbeitete stets zuverlässig und gewissenhaft
- Befriedigend: sie hat unseren Erwartungen in jeder Hinsicht entsprochen, war verantwortungsbewusst, führte zugeteilte Arbeiten systematisch aus, Arbeitsqualität war überdurchschnittlich
- Ausreichend: er hat die ihm übertragenen Aufgaben zu unserer Zufriedenheit erledigt, er hat unseren Erwartungen entsprochen, zeigte keine Unsicherheiten bei der Ausführung seiner Aufgaben
- Mangelhaft: sie hat die ihr übertragenen Arbeiten mit Fleiß und Interesse durchgeführt, sie hatte Gelegenheit, alle innerhalb der Abteilung zu erledigenden Arbeiten kennen zu lernen, war in der Regel erfolgreich

Es gibt auch Themen, die im Arbeitszeugnis nichts verloren haben und nicht erwähnt werden dürfen, zum Beispiel

- Gehalt,
- Kündigungsgründe,
- Vorstrafen,
- Abmahnungen,
- Krankheiten,
- Fehlzeiten,
- Leistungsabfall,
- Alkoholabhängigkeit,
- Behinderungen,
- Betriebsratstätigkeit,
- Gewerkschaftsengagement,
- Parteizugehörigkeit,
- religiöses Engagement,
- Nebentätigkeiten,
- Ehrenämter,
- Urlaubs- und Fortbildungszeiten.

Außerdem darf im Text nichts unterstrichen, kursiv gedruckt oder gefettet werden und es dürfen keine Ausrufe-, Frage- und Anführungszeichen verwendet werden.

! Negative Beobachtungen und Bemerkungen sind im Arbeitszeugnis unzulässig. Umgekehrt ist der Arbeitgeber aber auch nicht dazu verpflichtet, dir gute Wünsche für deine berufliche und private Zukunft mitzugeben.

1.7.3 Geheimcodes im Arbeitszeugnis?

Geheimcodes gehören zu den großen Mythen im Bereich Arbeitszeugnis. Eigentlich dürfte es sie nicht geben, denn sie haben im Arbeitszeugnis nichts zu suchen! Trotzdem kommen sie vor – manchmal versehentlich, manchmal mit Absicht.

Prüfe also genau, ob dein Zeugnis sauber ist. Wenn du eine (oder sogar mehrere) der folgenden Formulierungen darin findest, hast du ein Recht darauf, dass die Aussagen entfernt werden. Falls sich dein Arbeitgeber weigert, wende dich an deine Gewerkschaft oder an einen Rechtsanwalt für Arbeitsrecht.

Geheimcode		**Übersetzung**
Sie war tüchtig und wusste sich gut zu verkaufen.	=	Eine unangenehme Mitarbeiterin, der es an Kooperationsbereitschaft mangelt.
Sie verfügt über Fachwissen und hat ein gesundes Selbstvertrauen.	=	Überspielt mit Arroganz ihr mangelndes Fachwissen.
Sie hat mit ihrer geselligen Art zur Verbesserung des Betriebsklimas beigetragen.	=	Sie hat Alkoholprobleme.
Ihre umfangreiche Bildung machte sie zu einer gesuchten Gesprächspartnerin.	=	Sie führte lange Privatgespräche.
Für die Belange der Belegschaft bewies er immer Einfühlungsvermögen.	=	Er suchte sexuelle Kontakte im Kollegenkreis.
Mit seinen Vorgesetzten ist er gut zurechtgekommen.	=	Ein Mitläufer und Ja-Sager, der sich gut verkaufen kann.
Er zeigte stets Engagement für Arbeitnehmerinteressen außerhalb der Firma.	=	Er hat an Streiks teilgenommen.
Er trat engagiert für die Interessen der Kollegen ein.	=	Er war Mitglied des Betriebsrats.

1.7.4 Die äußere Form: So muss ein Zeugnis aussehen

Arbeitszeugnisse dürfen nicht handschriftlich erstellt werden, sondern müssen »maschinenschriftlich« erstellt werden, heute also in der Regel mit einem Computer. Aber auch eine Schreibmaschine wäre noch erlaubt. In elektronischer Form darf das Arbeitszeugnis nicht erteilt werden, also kein PDF, kein Word-Dokument, keine E-Mail usw.

Das Zeugnis muss auf dem für die Geschäftskorrespondenz üblichen Briefpapier erstellt werden. Wenn der Arbeitgeber einfach ein weißes Blatt Papier für das Zeugnis verwendet, dann ist das auch erlaubt – aber er muss die volle Firmenbezeichnung einschließlich Rechtsform und aktueller Anschrift anführen. Eine saubere Kopie mit Originalunterschrift des Arbeitgebers oder seines Vertreters reicht aus.

Das Bundesarbeitsgericht hat für die Form diese Kriterien entwickelt:

- Papier von guter Qualität,
- einheitliche Maschinenschrift,
- sauber und ordentlich geschrieben,
- keine Flecken, Radierungen, Verbesserungen, Durchstreichungen oder Ähnliches,
- ordnungsgemäßer Briefkopf, aus dem der Name und die Anschrift des Arbeitgebers erkennbar sind,
- Unterschrift und Firmenstempel.

2 Wohnungssuche & Mietvertrag

!

Worum es jetzt gleich geht:

- Der **Vermieter** darf nicht alles von dir wissen wollen.
- Auch du solltest bei einer **Wohnungsbesichtigung** Fragen stellen.
- **Mietverträge** dürfen mündlich geschlossen werde, schriftlich ist aber immer besser.
- So funktioniert das mit der **Mietkaution.**
- Miete zahlst du am besten per **Dauerauftrag.**
- Schau deine **Nebenkostenabrechnung** immer genau an.
- Mit einem guten Zeitplan schaffst du einen **stressfreien Umzug.**
- Vergiss nicht die Anmeldung beim **Einwohnermeldeamt.**
- So findest du den richtigen **Strom- und Gasanbieter.**
- **Mieterhöhungen,** wann sie erlaubt sind – und wie stark die Miete steigen darf.
- **Freunde, Haustiere, Rauchen** in deiner Wohnung.
- Für die **Kündigung** des Mietvertrags gibt es eine Frist.

2.1 Was darf der Vermieter fragen?

In einer neuen Stadt eine Ausbildung machen, studieren oder einen Job antreten: Dieser Schritt ist meistens mit einem Umzug verbunden. Je nachdem, wohin es dich verschlägt, konkurrierst du vielleicht mit zahlreichen anderen Interessenten um eine Wohnung oder ein WG-Zimmer.

Dass ein Vermieter wissen möchte, wer in seine Wohnung einzieht, ist verständlich. Zu neugierig darf er aber nicht sein – er darf längst nicht alles fragen bzw. wenn er doch fragt, darfst du die Unwahrheit sagen.

2.1.1 Fragen beim ersten Kontakt

Beim ersten Kontakt darf nur nach Name, E-Mail-Adresse und Telefonnummer gefragt werden. Die Erkundigung nach der Bonität eines Bewerbers schon bei der Vereinbarung eines Besichtigungstermins (also ob du dir die Wohnung auch wirklich leisten kannst) ist unzulässig. Eine SCHUFA-Auskunft und Ähnliches dürfen ebenfalls noch nicht zu diesem Zeitpunkt verlangt werden.

Manche Mietinteressenten kommen auf die Idee, dem Vermieter schon bei der Vereinbarung der Wohnungsbesichtigung alles mögliche über sich zu erzählen – einschließlich Gehalt. Die meisten Vermieter werden das tunlichst ignorieren und die (schriftlichen) Informationen nicht annehmen. Das geschieht aus reinem Selbstschutz: Es besteht ansonsten die Gefahr, dass abgewiesene Bewerber ihn wegen Verstoßes gegen die Datenschutzgrundverordnung (DSGVO) bei der zuständigen Aufsichtsbehörde anzeigen.

Nach der Besichtigung fragt der Vermieter die Interessenten, ob sie ernsthaft interessiert sind, die Wohnung anzumieten und darf dann weiter gehende Daten erheben bzw. Fragen stellen, beispielsweise mittels einer Mieterselbstauskunft oder auch mündlich.

Eine Ausnahme gilt für besonders begehrte, hochpreisige oder noch bewohnte Wohnungen. Hier ist es einem Vermieter nicht zumutbar, erst eine Horde von Interessenten durch die Wohnung laufen zu lassen, und es muss es ihm möglich sein, eine gewisse Vorauswahl zu treffen.

In solchen Fällen darf der Vermieter eine freiwillige Mieterselbstauskunft schon zu diesem Zeitpunkt verlangen. Denn dafür hat er das erforderliche »berechtigte Interesse«.

Wichtig: Die Datenschutzgrundverordnung verpflichtet Vermieter dazu, Wohnungsinteressenten umgehend zu informieren, sobald sie personenbezogene Daten erheben und speichern. Eine besondere Form ist für diese Informationen vom Gesetzgeber aber nicht vorgesehen.

2.1.2 Fragen beim Besichtigungstermin

Beim ersten »Kennenlern-Termin« gewinnen Mieter und Vermieter zwar schon einmal einen Eindruck davon, ob sie zueinander passen. Die meisten Vermieter wollen sich aber nicht auf ihr Bauchgefühl allein verlassen. Deshalb wirst du bei der Besichtigung vermutlich intensiv befragt oder bekommst eine sogenannte freiwillige Mieterselbstauskunft in die Hand gedrückt.

Eine Mieterselbstauskunft ist ein Fragebogen, den du zur Information des Vermieters ausfüllen sollst. Sie soll etwas über die Lebensumstände des Wohnungssuchenden verraten und darüber Auskunft geben, wie viele Personen einziehen wollen.

Freiwillig ist sie deshalb, weil man sie ja nicht ausfüllen muss, wenn man es nicht will. Wer das nicht macht, wird die begehrte Wohnung aber sicherlich nicht bekommen. Du musst also in den sauren Apfel beißen, aber nicht alles wahrheitsgemäß beantworten – denn nicht alle Fragen dürfen gestellt werden.

Grundsätzlich dürfen Vermieter im Rahmen der Mieterselbstauskunft alles fragen, was von ihrem »berechtigten Interesse« abgedeckt ist. Das ist in der Datenschutzgrundverordnung (DSGVO) geregelt.

!

Faustregel: Wenn der Vermieter ein nachvollziehbares sachbezogenes und berechtigtes Interesse an Informationen hat, um vernünftig entscheiden zu können, mit wem er den Mietvertrag abschließen möchte, darf er entsprechende Fragen stellen. Im Wesentlichen betrifft das Fragen zum Einkommen, Arbeitgeber, Familienstand und zur Anzahl der Bewohner.

Das gilt nicht nur für einen schriftlichen Fragebogen, sondern auch dann, wenn der Vermieter mündlich die gewünschten Auskünfte abfragt. **Noch ein Tipp:** Diese »mündlichen Fragen« werden gerne im Small-Talk untergebracht. Sei also vorsichtig, was du erzählst oder tust ... Ein Vermieter, der dir ganz unschuldig eine Zigarette anbietet, weiß hinterher, ob er sich einen Raucher in die Wohnung holt.

Frage	zulässig	unzulässig
Wie hoch ist Ihr Einkommen?	X	
Sind Sie in der Lage, die Miete zu zahlen?	X	
Sind Sie in der Schuldnerkartei eingetragen? (SCHUFA)	X	
Nehmen Sie Teilzahlungskredite in Anspruch? (also, ob du etwas in Raten abbezahlst)		Bedenklich, aber gerichtlich nicht geklärt
Sind Sie krank oder haben Sie eine Behinderung?		Bedenklich, aber gerichtlich nicht geklärt
Sind Sie schwanger?		Bedenklich, aber gerichtlich nicht geklärt
Mit wie vielen Personen möchten Sie in die Wohnung einziehen und wie alt sind diese?	X	
Sind Sie verheiratet?	X	
Ist Ihr Ehepartner Ausländer?		X
Haben Sie einen festen Arbeitsplatz?	X	
Sind Sie verlobt/geschieden; leben Sie in einer nicht-ehelichen Beziehung; wie lange sind Sie schon in einer Beziehung?		X
Sind Sie Mitglied im Mieterverein?		Bedenklich, aber gerichtlich nicht geklärt
Sind Sie Mitglied einer Partei?		X
Sind Sie vorbestraft?		X
Läuft gegen Sie ein Ermittlungsverfahren?		X
Haben Sie bereits früher einen Vertrag mit unserer Wohnungsgesellschaft gehabt?	X	
Haben Sie Kinder geplant?		Bedenklich, aber gerichtlich nicht geklärt
Wie lange arbeiten Sie schon für Ihren jetzigen Arbeitgeber?	X	
Wurde Ihr Arbeitseinkommen schon einmal gepfändet?	X	

Haben Sie in der Vergangenheit Ihre Miete immer pünktlich bezahlt?	X	
Hören Sie gerne Musik; kochen Sie gerne; rauchen Sie?		X
Welcher Religion gehören Sie an?		X
Rauchen Sie?		X
		bzw. erlaubt ist die Frage, ob man »starker Raucher« ist (mehr als 30 Zigaretten am Tag)
Haben Sie Haustiere?	X	

! Wichtig: Beträgt die monatliche Miete 75 % oder mehr des Nettogehalts, musst du den Vermieter von dir aus darüber informieren. Auch wenn du von Sozialleistungen lebst, musst du deinen künftigen Vermieter darüber in Kenntnis setzen.

Auf die Frage nach der pünktlich bezahlten Miete wollen wir noch kurz näher eingehen: Manche Vermieter verlangen zusätzlich zum Einkommensnachweis eine Mietschuldenfreiheitsbescheinigung vom Vorvermieter. Das ist erlaubt.

Allerdings: Dein Vorvermieter ist nicht verpflichtet, dir eine solche Bescheinigung auszustellen. Und vielleicht willst du ja zum Zeitpunkt der Besichtigung der neuen Wohnung deinen aktuellen Vermieter noch nicht darüber informieren, dass du auf Wohnungssuche bist.

Dann kannst du versuchen, deinem potenziellen neuen Vermieter klarzumachen, dass ihm eine derartige Bescheinigung sowieso keine absolute Sicherheit bringt, zumal einige Vermieter sie unter Umständen nur deshalb abgeben, weil sie hoffen, einen unliebsamen Mieter so schneller loszuwerden.

Fragen nach den Kontaktdaten aktueller oder früherer Vermieter der Mietinteressenten (z.B. Name, Anschrift, Telefonnummer, E-Mail-Adresse), damit der Vermieter mit diesen direkt Kontakt aufnehmen kann, sind übrigens unzulässig.

2.1.3 Fragen beim Vertragsabschluss

Wenn alles gut gegangen ist und der Mietvertrag unterschrieben werden soll, musst du damit rechnen, dass dich dein neuer Vermieter um eine Kopie deines Ausweises, um Einkommensnachweise und Bankdaten bittet.

Als Einkommensnachweis kannst du zum Beispiel die Gehaltsabrechnungen der letzten drei Monate vorlegen. Bei Selbstständigen ist dagegen der letzte Einkommensteuerbescheid des Finanzamts die gängigste Form, ihre Einkünfte nachzuweisen.

2.1.4 Rechtliche Folgen, wenn du nicht ehrlich antwortest

Es liegt in der Natur der Sache, dass Mietinteressenten, die unbedingt die angebotene Wohnung haben wollen, sich gern selbst in einem besseren Licht darstellen wollen. Deswegen lassen sie sich unter Umständen dazu hinreißen, auf bestimmte Fragen wahrheitswidrig zu antworten.

Falsche Angaben haben nicht immer Konsequenzen – es kommt darauf an, ob die Frage zulässig war oder nicht.

Eine falsche Antwort auf eine unzulässige Frage hat keine rechtlichen Konsequenzen. Du solltest aber damit rechnen, dass sich der Vermieter ärgert, wenn er die Wahrheit erfährt, und dir dann das Leben schwer macht, wo es nur geht.

Wenn du auf eine zulässige Frage falsch antwortest, hat das natürlich Konsequenzen. Welche das sind, hängt davon ab, wann der Vermieter die Lüge bemerkt. Bemerkt er den Schwindel noch vor deinem Einzug, kann er den Vertrag wegen arglistiger Täuschung anfechten. Das macht den Vertrag »rückwirkend unwirksam« und du darfst nicht in die Wohnung einziehen. Das kann zu einem echten Problem werden, wenn du deine alte Wohnung schon gekündigt hast und am Ende im schlimmsten Fall ohne Dach über dem Kopf dastehst! Ist dem Vermieter dadurch auch noch ein finanzieller Schaden entstanden (z.B. Mietausfall, Kosten einer erneuten Anzeigenschaltung), musst du diesen Schaden ersetzen. Bemerkt der Vermieter den Schwindel erst nach deinem Einzug, kann er dir fristlos kündigen, wenn die Fortsetzung des Mietverhältnisses infolge des Schwindels unzumutbar ist.

! **Wichtig:** Wenn du trotz falscher Angaben zu deinem Einkommen deine Miete immer pünktlich und vollständig gezahlt hast, darf man dir nicht einfach fristlos kündigen. Das wäre unverhältnismäßig und damit unwirksam.

2.2 Deine Fragen und Überlegungen bei der Besichtigung

Für die meisten Menschen ist die Wohnung ein wichtiger Bestandteil ihres Lebens. Wenn du mit der Wohnung, in der du lebst, nicht zufrieden bist, vergeudest du nicht nur Lebensqualität, sondern auch Geld. Achte deshalb bei der Wohnungssuche darauf, ob auch alles – oder jedenfalls möglichst viel – passt!

Einige Fragen musst du mit dir selbst klären (z.B., ob du lieber in einem Altbau oder in einem Neubau leben möchtest), andere wird dir der Vermieter beantworten können (z.B., ob die Fenster doppelt oder dreifach verglast sind). Hier haben wir einige Beispiele zusammengetragen:

Fragen zu Wohnung, Haus und Umgebung

- Wie groß ist die Wohnfläche?
- Entspricht der Zuschnitt der Räume deinen Erwartungen?
- Haben deine Möbel Platz?
- Gibt es genügend Licht und Helligkeit in den Räumen?
- Sind im Bad Fenster vorhanden?
- In welchem Zustand befinden sich Türen und Böden?

- Welcher Bodenbelag ist in der Wohnung und gehört er zur Wohnung?
- Welche Qualität haben die Fenster (Verglasung, Rahmen)?
- Hat die Wohnung viele Außenwände? (Wie) Sind diese gedämmt?
- Sind ausreichend Elektroinstallationen, zum Beispiel Steckdosen, vorhanden?
- Wie schnell ist das Internet, gibt es schon Glasfaser?
- Wie ist der Zustand von Bad/Dusche und Toilette (öffne die Wasserhähne, betätige die Klospülung, drehe Absperrhähne auf und zu, überprüfe Emaillebeschichtungen auf Absplitterungen und Risse).
- Sind Anschlüsse für Waschmaschine, Trockner, Herd und Kühlschrank an der richtigen Stelle?
- Wie wird die Wohnung beheizt (Etagen- oder Zentralheizung, Fernwärme, Gas, Öl, Nachtspeicheröfen etc.)?
- Sind Rauchmelder vorhanden?
- Funktionieren Klingelanlage und ggf. Gegensprechanlage?
- Gibt es Parkplätze oder Garagen?
- Wo kannst du dein Fahrrad sicher abstellen?
- In welchem Zustand befindet sich das Haus (Fassade, Dach, Fenster, Türen, Treppenhaus)?
- Ist das Haus hellhörig?
- Gefallen dir Lage und Umgebung der Wohnung (Nachbarschaft, soziales Umfeld)?
- Entspricht die Infrastruktur (Nahverkehr, Einkaufsmöglichkeiten, Kirche, Sportmöglichkeiten usw.) deinen Bedürfnissen?
- Sind potenzielle Lärmquellen vorhanden (Verkehr, Bahnlinien, Gewerbe, Sportplatz usw.)?
- Sind Geruchsbeeinträchtigungen zu erwarten?

Fragen zu den Kosten der Wohnung

- Wie hoch sind Miete und Nebenkosten?
- Soll im Mietvertrag eine Staffelmiete oder Indexmiete vereinbart werden?
- Wie hoch ist die Mietkaution?
- Musst du beim Einzug renovieren?
- Musst du eine Maklergebühr zahlen?
- Sollst du an den Vormieter oder an den Vermieter Abstandszahlungen zu Beispiel für Möbel zahlen?
- Keine Frage, aber auch wichtig: Lass dir die letzte Betriebskostenabrechnung zeigen und achte darauf, dass dir der Energieausweis ausgehändigt wird.

2.3 Mietvertrag und Besonderheiten bei Wohngemeinschaften

Mietverträge müssen nicht schriftlich geschlossen werden. Theoretisch reicht ein mündlicher Mietvertrag, sofern sich Mieter und Vermieter über die Anmietung einer bestimmten Wohnung, die Höhe der Miete und den Beginn des Mietverhältnisses geeinigt haben.

Dass sowohl Mieter als auch Vermieter wissen müssen, welche Räumlichkeiten überhaupt vermietet werden, ist klar. Also: Wohnung und Keller. Und vielleicht auch ein Platz in der Garage. Und die Einbauküche. Und, und, und. Außerdem wichtig: Wohnungsgröße, Höhe der Miete und noch einiges mehr!

Wohnung, Nebenräume, Einbauten und Möbel: Beide Seiten müssen wissen, welche Räumlichkeiten vermietet werden. So zählen zur Mietsache in der Regel auch Nebenräume wie der Keller. Wenn die Wohnung über eingebaute Möbel (z.B. Einbauküche) verfügt, werden diese automatisch mitvermietet. Hierzu sollten sich beide Seiten absprechen und im späteren Vertrag regeln, was im Fall einer notwendigen Reparatur geschieht. Wenn es sich nicht gerade um Bagatellschäden handelt, die unter die Kleinreparaturklausel fallen, ist grundsätzlich der Vermieter erhaltungspflichtig. Gerade bei Einbauküchen kann leicht etwas zu Bruch gehen.

Größe der Wohnung: Die Größe der Wohnung wird oft im Vertrag angegeben, es handelt sich aber nicht um eine Pflichtangabe.

Vertragsdauer: Ein Mietvertrag wird in den meisten Fällen auf unbefristete Dauer geschlossen. Als Mieter darfst du den Vertrag dann mit einer dreimonatigen Frist grundlos kündigen, auch wenn im Vertrag etwas anderes vereinbart ist. Vermieter können dagegen einen unbefristeten Vertrag nicht so einfach beenden, sie brauchen in der Regel einen Kündigungsgrund. Außerdem haben sie meist längere Kündigungsfristen zu beachten, je nachdem, wie lange der Mieter in der Wohnung schon lebt. Das lässt sich vertraglich nicht ändern. Hier hat der Mieterschutz Vorrang.

Miete: Beim Abschluss eines neuen Mietvertrags kann der Vermieter unabhängig von der bisherigen Höhe eine neue Miete festsetzen. Er ist normalerweise nicht an die Miete gebunden, die der Vormieter gezahlt hat. Eine Einschränkung gibt es aber doch: Bei einer Neuvermietung darf die Miete in Gebieten mit angespanntem Wohnungsmarkt höchstens auf das Niveau der ortsüblichen Vergleichsmiete zuzüglich 10 % angehoben werden.

Betriebskosten (Nebenkosten): Für Betriebskosten (z.B. Strom, Wasser, Grundsteuer) bezahlst du als Mieter normalerweise monatliche Vorauszahlungen. Über die wird dann nach Ende des Abrechnungszeitraums im Rahmen der Betriebskostenabrechnung (Nebenkostenabrechnung) entsprechend der tatsächlich angefallenen Kosten abgerechnet. Die Umlage der Betriebskosten in dieser Form ist allerdings nur erlaubt, wenn dies im Vertrag ausdrücklich vereinbart worden ist. Ist das nicht der Fall, gelten diese Kosten mit der vereinbarten Miete als abgegolten.

Mietkaution: Dein Vermieter darf von dir eine Sicherheit verlangen, um gegen Mietausfälle oder Schadensersatzansprüche geschützt zu sein – allerdings nur dann, wenn dies ausdrücklich vereinbart worden ist. Die maximale Höhe der Kaution beträgt drei Monatsmieten ohne Nebenkostenvorauszahlung. Es darf aber auch weniger sein.

Mieterhöhung: Normalerweise wird die Mieterhöhung nicht im Mietvertrag geregelt: Ausnahme: Es handelt sich um eine Staffelmiete oder um eine Indexmiete.

Renovierungspflichten des Mieters: Auch wenn der Vermieter von Gesetzes wegen verpflichtet ist, die vermietete Wohnung in Schuss zu halten, sehen die Mietverträge normalerweise das Gegenteil vor. Es ist auch grundsätzlich erlaubt, die Schönheitsreparaturpflicht vertraglich auf den Mieter abzuwälzen. Allerdings sind zahlreiche Renovierungsklauseln in den letzten Jahren von der Rechtsprechung für unwirksam erklärt worden.

Übertragung von Kleinreparaturen: Die sogenannten Kleinreparatur-Klauseln verpflichten den Mieter, sich an notwendigen Kleinreparaturen in der Wohnung jährlich bis zu einem bestimmten Betrag zu beteiligen. Das ist grundsätzlich zwar erlaubt, jedoch sind bei der Formulierung einer Kleinreparatur-Klausel von der Rechtsprechung enge Grenzen gesetzt worden. Hält sich der Vermieter nicht an die Vorgaben, läuft er Gefahr, selbst bei Kleinreparaturen auf den Kosten sitzen zu bleiben.

Haustierhaltung: Dein Vermieter darf von dir verlangen (und das in den Mietvertrag schreiben), dass du seine Zustimmung brauchst, wenn du ein Haustier halten möchtest, das über Kleintierniveau hinausgeht (Erlaubnisvorbehalt). Ein vollständiges Haustierverbot ist unwirksam.

Gartennutzung: Bei der Vermietung eines Einfamilienhauses ist der Garten normalerweise mitvermietet. In einem Mehrfamilienhaus hat der Mieter nur dann einen Anspruch auf Gartennutzung, wenn ihm dies vertraglich zugestanden wird. Gartennutzung heißt, der Mieter darf seine Kinder und deren Freunde dort spielen lassen, Gartenmöbel oder einen Sandkasten aufstellen, grillen, feiern und Blumen pflanzen. Sträucher und Bäume zu entfernen, ist ohne Vermietererlaubnis dagegen nicht gestattet.

Gewerbliche oder freiberufliche Nutzung der Wohnung: Falls du hauptberuflich oder nebenberuflich selbstständig bist, brauchst du für alle gewerblichen oder freiberuflichen Tätigkeiten, die mit einem verstärkten Publikumsverkehr einhergehen oder zu anderweitigen Störungen führen können, die Zustimmung deines Vermieters.

Mitvermietung einer Garage: Eine Garage ist kein Wohnraum. Wenn du die Garage aber zusammen mit der Wohnung gemietet hast, liegt ein einheitliches Mietverhältnis vor. In diesem Fall kannst du die Garage nicht isoliert kündigen.

Widerrufsrecht: Grundsätzlich besteht bei einem abgeschlossenen Mietvertrag für beide Seiten kein Rücktrittsrecht, wenn es nicht ausdrücklich vereinbart worden ist. Ausnahme: Du hast ein 14-tägiges Rücktrittsrecht, wenn du die Wohnung vor Vertragsabschluss nicht besichtigt hast oder der Vertrag außerhalb der Geschäftsräume des Vermieters abgeschlossen wurde.

2.3.1 Das hat absolut nichts im Vertrag zu suchen

Auch wenn grundsätzlich Vertragsfreiheit herrscht, ist nicht alles erlaubt. Deshalb haben die Gerichte bestimmte Klauseln, durch die Mieterrechte unzulässigerweise beschränkt wurden, für unwirksam erklärt. Dazu gehören:

- Abstandszahlung ohne Übernahme von Einrichtungsgegenständen,
- Ausschluss von Mietminderung,
- Instandhaltungspauschalen, wie sie Wohnungseigentümer zahlen müssen,
- absolutes Musizierverbot,

- Rauchverbot innerhalb der vermieteten Wohnung,
- Vertragskostenklausel, wonach der Mieter die Kosten des Vertragsabschlusses – eventuell einschließlich der Kosten des vom Vermieter beauftragten Anwalts – tragen muss,
- Umzugspauschalen, wonach der Mieter beim Auszug eine Pauschale für etwaige Schäden zu zahlen hat,
- Vertragsstrafenklausel bei Verstößen gegen den Mietvertrag.

Wenn du in deinem Mietvertrag dazu Regelungen findest, musst du dich nicht daran halten!

2.3.2 Diese Formalitäten sind wichtig

In den meisten Fällen wird dein Vermieter auf einen sogenannten Formularmietvertrag zurückgreifen. Das sind vorgefertigte Mietverträge, in denen man nur noch zum Beispiel die Höhe der Miete, die Anzahl der übergebenen Schlüssel, die Wohnungsgröße usw. ergänzt – und natürlich die Daten von Mieter und Vermieter. Auch wenn diese Verträge »safe« sind und du keine Fallen befürchten musst, solltest du einmal durchgelesen haben, welche Formalitäten bei einem Mietvertrag wichtig sind.

Schriftform: Der Vertrag muss von beiden Vertragsparteien unterschrieben werden. Der Vertrag kommt außerdem erst dann zustande, wenn Mieter und Vermieter eine von der jeweiligen anderen Seite unterschriebene Ausfertigung des Mietvertrags in Händen halten.

Nennung aller Mieter: Bei mehreren Personen auf Mieterseite ist es hauptsächlich im Interesse des Vermieters, alle Bewohner als Vertragspartner zu nennen und unterschreiben zu lassen. Das hat für ihn den Vorteil, dass alle für die Miete und die Nebenkosten als sogenannte Gesamtschuldner haften. Dabei bleibt es, selbst wenn einer der Partner auszieht. Ziehen später weitere Personen mit Zustimmung des Vermieters ein (z.B. Freund/Freundin), werden diese nicht automatisch zu Mietern. Wenn der Vermieter das möchte, um einen weiteren Mietschuldner zu haben, muss er sich mit dem Mieter einigen und den Mieterkreis in einer zusätzlichen schriftlichen Vereinbarung erweitern. Ansonsten ist die weitere Person nur Mitbewohner und kein Mietschuldner.

Nennung aller Vermieter: Wenn auf der Vermieterseite mehrere Eigentümer vorhanden sind (z.B. Ehepaar, Erbengemeinschaft), werden ebenfalls beide bzw. alle Eigentümer Vertragspartner. Deshalb müssen an sich alle Personen auf der Vermieterseite im Vertrag aufgeführt werden.

Lage der Wohnung: Bei mehrgeschossigen Häusern muss das Stockwerk und die genaue Lage der Wohnung angegeben werden. Zudem sollte die Anzahl der Räume und Nebenräume im Vertrag aufgeführt werden. Hinzu können noch Räume außerhalb der Wohnung kommen (z.B. ein Kellerraum) oder Gemeinschaftsräume, zu denen der Mieter Zugang erhält (z.B. Waschküche, Trockenboden).

Größe der Wohnung: Die Wohnfläche ist die Basis zur Ermittlung der Quadratmetermiete und der Betriebskostenabrechnung, wenn es um die Kostenumlage nach Wohnfläche geht. In vielen Mietverträgen findet man deshalb bei der Beschreibung der Mietsache den vorgedruckten Eintrag: »Die Wohnfläche beträgt ca. ...«. Wichtig: Das spielt keine Rolle! Entscheidend ist für die Mieterhöhung und Betriebskostenabrechnung nur noch die tatsächliche Wohnfläche, unabhängig davon, was im Vertrag steht. Sollte sich die Wohnung als kleiner oder größer erweisen, kommt es allein darauf an.

Befristung des Mietvertrags: Soll der Vertrag nur für eine bestimmte, befristete Dauer geschlossen werden, muss der Vertrag hierzu konkrete Angaben zu den Beendigungsgründen enthalten. Andernfalls ist er unwirksam. Anerkannt sind allerdings nur drei Gründe: Der Vermieter will die Mieträume

- nach Fristablauf für sich, seine Familienangehörigen oder Angehörige seines Haushalts nutzen,

- in zulässiger Weise beseitigen oder so wesentlich verändern oder instandsetzen, dass die Maßnahmen durch die Fortsetzung des Mietverhältnisses erheblich erschwert würden,
- an einen zur Dienstleistung verpflichteten Mieter (als Werkwohnung) vermieten.

Dabei muss der Vermieter schon sehr genaue Angaben machen. Ungenaue oder pauschale Formulierungen wie etwa »Ich will die Wohnung einem Angehörigen überlassen« reichen nicht.

Macht der Vermieter hier Fehler, gilt der Vertrag nicht als befristeter, sondern als unbefristeter Mietvertrag.

Kündigungsverzicht, wenn eine zeitliche Bindung ohne konkreten Grund gewünscht ist: Das ist bei der Vermietung an Studierende und Berufsschüler nicht erlaubt, denn sie brauchen schon wegen der Unwägbarkeiten des Studienverlaufs und ausbildungsbedingter Erfordernisse eines Ortswechsels ein gewisses Maß an Mobilität und Flexibilität.

Anzahl der Schlüssel: Als Mieter hast du Anspruch auf eine ausreichende Anzahl von Schlüsseln. Ausreichend heißt, zwei komplette Sätze plus Schlüssel für jedes weitere Familienmitglied mit Ausnahme von Kleinkindern. Der Vermieter darf gegen deinen Willen keinen Wohnungsschlüssel für sich zurückzubehalten!

Übertragung der Renovierungspflicht auf den Mieter üblich: Ein Vermieter, der die Schönheitsreparaturen wirksam auf seinen Mieter abwälzen möchte, braucht sich im Vertrag nicht zu verkünsteln. Es reicht schon der einfache Satz: »Die Schönheitsreparaturen werden vom Mieter getragen.« Entscheidend ist, dass der Mieter nicht zur Renovierung verpflichtet sein darf, wenn die Wohnung nicht renovierungsbedürftig ist. Deshalb ist eine Formulierung wie »Der Mieter ist bei Auszug verpflichtet, die Schönheitsreparaturen durchzuführen« unwirksam.

Keine Renovierungspflicht bei nicht renovierter Wohnung: Soll die Wohnung unrenoviert oder renovierungsbedürftig übergeben werden, ist die Überwälzung der Schönheitsreparaturen auf den Mieter nicht zulässig. Denn dann wärst du als Mieter noch mit der Beseitigung der vom Vormieter verursachten Gebrauchsspuren belastet.

Grundregeln für eine wirksame Kleinreparatur-Klausel: Vermieter dürfen Kleinreparaturen auf den Mieter vertraglich abwälzen. Dabei sind allerdings ein paar Grundregeln zu beachten, andernfalls ist die Abwälzung unwirksam:

- Der Mieter darf nur verpflichtet werden, die Kosten für die ausgeführten Kleinreparaturen zu übernehmen. Er darf nicht dazu verpflichtet werden, Handwerkeraufträge selbst zu erteilen.
- Es dürfen nur solche Gegenstände umfasst werden, die dem häufigen Zugriff des Mieters ausgesetzt sind (z.B. Heiz- und Warmwassergeräte, Bad- und Duscheinrichtungen, Rollläden; nicht aber unter Putz liegende Leitungen).
- Es muss ein Höchstbetrag pro Reparaturmaßnahme festgelegt werden, der nicht zu hoch sein darf. Zurzeit werden 100 Euro (zzgl. MwSt.) von der Rechtsprechung anerkannt.
- Außerdem muss eine Höchstgrenze für die Summe an Reparaturen angegeben werden, die pro Jahr auf den Mieter zukommen kann. Für den Mieter muss kalkulierbar sein, was er maximal zahlen muss, wenn sich die Kleinreparaturen häufen.

Besichtigungsrecht des Vermieters: Vermieter haben kein Recht, die Mietwohnung jederzeit zu betreten bzw. zu besichtigen. Andererseits muss es möglich sein, dass der Vermieter hin und wieder den Zustand der Wohnung in Augenschein nimmt. Deshalb liegt es im beiderseitigen Interesse, im Mietvertrag die »Spielregeln« für eine Besichtigung festzulegen.

2.3.3 Die Miete: Was bis wann und wie gezahlt werden muss

Allgemein üblich ist die sogenannte Nettomiete (auch Grundmiete genannt), bei der die Betriebskosten extra gehen.

Vereinbarst du mit deinem Vermieter (wie allgemein üblich) eine Vorauszahlung, musst du dich an den tatsächlich angefallenen Nebenkosten beteiligen. Dein Vermieter muss die Betriebskosten einmal im Jahr abrechnen. Vereinbart ihr dagegen eine Pauschale, erspart sich der Vermieter zwar die jährliche Abrechnung. Als Mieter musst du aber keinen Ausgleich für tatsächlich höher angefallene Nebenkosten zu zahlen (wenn weniger Kosten entstanden sind, bekommst du aber auch nichts zurück).

Laut Gesetz musst du die Miete spätestens bis zum dritten Werktag eines Monats im Voraus zahlen. Das bedeutet aber nicht, dass eine Miete am dritten Werktag bereits auf dem Vermieterkonto angekommen sein muss. Vermieter ergänzen deshalb gerne folgenden Zusatz: »Hierbei genügt der Mieter seiner Verpflichtung der rechtzeitigen Zahlung, wenn er nach dem normalen Verlauf mit rechtzeitiger Gutschrift auf dem Konto des Vermieters rechnen konnte.«

Standardmietverträge sehen auch immer eine Kautionsvereinbarung vor. Diese wird in der Regel um folgende Formulierung ergänzt: »Der Mieter ist berechtigt, die Kautionssumme in drei Monatsraten zu bezahlen. Die erste Rate ist zu Beginn des Mietverhältnisses fällig. Die zweite und dritte Rate ist jeweils in den darauffolgenden Monaten fällig. Die einzelnen Raten sind mit der Miete spätestens am dritten Werktag des Monats zu entrichten«. Eine Vereinbarung, nach der die gesamte Kaution gleich zu Mietbeginn zu leisten ist, ist unwirksam!

2.3.4 Besonderheiten bei Wohngemeinschaften

Sich mit anderen Menschen eine Wohnung zu teilen, ist nicht nur etwas für Studierende und Auszubildende. Das Wohnen in den Städten ist teuer – das gilt auch für Berufstätige.

Von einer Wohngemeinschaft spricht man, wenn zwei oder mehr Personen eine Wohnung bewohnen, aber keine Familie bilden. Nicht unter den Begriff der Wohngemeinschaft fallen somit Eheleute, Lebensgemeinschaften, die Aufnahme eines Familienmitglieds oder kurzfristiger (bis etwa acht Wochen) Besuch.

Gesetzlich ausdrücklich geregelt ist die Wohngemeinschaft nicht. Deshalb gibt es verschiedene Varianten, je nachdem, was die Beteiligten bevorzugen. Rechte und Pflichten variieren je nach gewählter Konstellation:

- Variante 1: Vermietung der gesamten Wohnung an eine Person, den Hauptmieter. Dieser wiederum vermietet einzelne Zimmer an andere Personen, die Untermieter, mit Genehmigung des Vermieters weiter.
- Variante 2: Vermietung einzelner Zimmer an verschiedene Mieter mit Einzelmietverträgen, sodass alle in der Wohnung lebenden Personen Nutzungsrechte an Gemeinschaftseinrichtungen wie Küche, Bad, Keller haben.
- Variante 3: Vermietung der gesamten Wohnung (ohne Zuweisung der Zimmer) an mehrere Einzelpersonen, die alle im Mitvertrag als Mieter aufgeführt und somit Hauptmieter sind.

Wohngemeinschaft mit einem Hauptmieter

Hier gibt es einen Hauptmieter und daneben einen oder mehrere Untermieter. Deshalb haben Letztere vertragliche Beziehungen allein mit dem Hauptmieter. Dieser ist vertraglich mit dem Vermieter verbunden und ist allein für die Zahlung der gesamten Miete an den Vermieter verantwortlich. Will der Vermieter die Miete erhöhen, braucht er sich nur an ihn zu wenden. Zahlt ein Untermieter die Miete nicht, ist das für den Vermieter unerheblich.

Eine Untervermietung eines Teils der Wohnung, was bei Wohngemeinschaften der Regelfall ist, bedarf grundsätzlich der Genehmigung des Vermieters. Das ist unproblematisch, wenn sich beide Seiten von vornherein darüber einig sind und dies am besten schriftlich im Vertrag festhalten.

Anders sieht es aus, wenn du in einem bestehenden Mietverhältnis eine WG gründen möchtest. Dann musst du nachträglich um die Genehmigung bitten. Die Genehmigung kann formlos erteilt werden – schriftlich ist natürlich immer besser, schon allein aus Beweisgründen!

! Keine Genehmigung brauchst du als Mieter für die Aufnahme enger Familienangehöriger, deines Ehepartners bzw. deines registrierten gleichgeschlechtlichen Partners: Diese Personen gelten nicht als Untermieter im Sinne des Gesetzes. Hier musst du nur Deinen Vermieter schriftlich informieren, wer ab wann bei dir einzieht.

Vermietest du Wohnraum ohne Erlaubnis deines Vermieters, darf er dir fristlos die Wohnung kündigen. Vorher muss er dir allerdings noch eine Abmahnung schicken und dir so eine letzte Chance geben, die Untervermietung zu beenden.

War dein Vermieter von Anfang an damit einverstanden, dass du in seiner Wohnung eine WG gründest, hast du auch das Recht, bei Auszug eines Mitbewohners einen neuen aufzunehmen. Nur wenn der Vermieter einen wichtigen Grund hat, den neuen Untermieter abzulehnen, darf er seine Zustimmung versagen.

Vermutlich wird dich dein Vermieter in diesem Fall im Mietvertrag dazu verpflichten, ihm jeden Mitbewohnerwechsel anzuzeigen und ihm den Namen des neuen Mieters zu nennen. Denn nur dann kann er auch Erkundigungen über den neuen Untermieter einholen und seine Zustimmung gegebenenfalls im konkreten Fall verweigern.

Beim Thema »Kündigung« solltest du folgendes wissen: Wenn der Vermieter dir, also dem Hauptmieter, kündigt, dürfen auch die Mitbewohner nicht weiter in der Wohnung bleiben. Ihr Bleiberecht hängt vom Bestand des Mietvertrags mit dem Hauptmieter ab. Du musst deinen Mitbewohnern dann also ebenfalls kündigen.

Vermietung von Einzelzimmern an verschiedene Bewohner

In dieser Variante hat jeder Bewohner einen eigenen, separaten Mietvertrag. Zwischen den Bewohnern untereinander gibt es keine vertraglichen Beziehungen. Kündigungen muss der Vermieter dann also gegenüber den einzelnen Mietern aussprechen. Jeder WG-Mitbewohner schuldet nur seinen Anteil an der Gesamtmiete und haftet auch nur für die von ihm selbst schuldhaft verursachten Schäden.

Wer einzieht – auch bei einem Mieterwechsel – bestimmt allein der Vermieter. Die Mitbewohner müssen seine Wahl akzeptieren oder ausziehen.

! Wichtig: Studierende oder Auszubildende dürfen vom Vermieter nicht langfristig durch einen Zeitmietvertrag oder einen Kündigungsverzicht gebunden werden! Denn Studierende und Auszubildende müssen im Interesse ihrer Ausbildung mobil und flexibel sein.

Ein Mietvertrag mit allen Bewohnern

Das ist die häufigste Vertragsvariante. Hier sind alle Bewohner gleichberechtigte Hauptmieter und haften als Gesamtschuldner, das heißt, der Vermieter kann von einem Hauptmieter allein die gesamte Miete verlangen. Dasselbe gilt für die Nebenkosten.

Bei Abschluss des Mietvertrages müssen alle Mitglieder der Gemeinschaft unterschreiben. Soll ein einzelnes Mitglied befugt sein, andere aus der Gemeinschaft zu vertreten, muss dies schriftlich im Vertrag vereinbart sein. Zudem wird der Vermieter im Mietvertrag vermutlich ergänzen, wie viele Personen die Wohnung bewohnen dürfen.

! Der Vermieterwunsch nach einem gemeinsamen Mietkonto, auf das jedes WG-Mitglied die monatlichen Mietanteile und Nebenkosten bezahlt und der Vertreter der WG die Gesamtmiete dann an den Vermieter weiterleitet, ist beliebt und auch erlaubt.

Zieht ein Bewohner aus, so können die anderen Bewohner vom Vermieter verlangen, dass eine neue Person einzieht. Schließlich ist laut Vertrag an eine WG vermietet worden. Schwierigkeiten bereitet die Frage, wer das Recht haben soll, die neue Person auszusuchen. Deshalb findet sich in WG-Mietverträgen oft eine Klausel, die die Details regelt, wie zum Beispiel ein Mitspracherecht des Vermieters.

! Eine Kündigung der Wohnung seitens der WG-Bewohner kann nur gemeinsam erfolgen. Eine Kündigung, die nur von einigen Mitmietern ausgesprochen wird, ist unwirksam. Nur ausnahmsweise kann einer von mehreren Mietern aus dem laufenden Mietverhältnis »aussteigen«, wenn dies einvernehmlich zwischen allen Beteiligten einschließlich Vermieter geschieht.

Abgesehen davon hat jedes einzelne Mitglied das Recht, von seinen Mitbewohnern die Zustimmung zur Kündigung zu verlangen, um die Gemeinschaft aufzulösen. Umgekehrt, wenn der Vermieter kündigen will, geht das nur gegenüber allen Mitgliedern.

2.4 Mietkaution

Wer eine Wohnung oder ein Haus mietet, muss beim Vermieter eine Kaution hinterlegen – das ist zwar nicht gesetzlich vorgeschrieben, wird aber in eigentlich allen Mietverträgen so vereinbart. Übrigens: Ohne ausdrückliche Vereinbarung darf der Vermieter keine Kaution verlangen.

Die Mietkaution wird auch »Mietsicherheit« genannt. Mit ihr sichert sich der Vermieter ab für den Fall, dass du deine Miete oder die Nebenkosten nicht bezahlst oder dass nach deinem Auszug von dir verursachte Schäden repariert werden müssen. Wenn keiner dieser Fälle eintritt, bekommst du die Kaution nach der Beendigung des Mietverhältnisses mit Zinsen zurück.

! Die Kaution darf maximal drei Monatsmieten betragen. »Miete« ist in dem Fall die sogenannte Nettokaltmiete, also die Miete ohne Nebenkosten bzw. Nebenkostenvorauszahlung.

2.4.1 Wie kann man die Kaution hinterlegen?

Wenn im Mietvertrag nicht geregelt ist, wie die Kaution erbracht werden muss, kannst du wählen:

- Barkaution,
- verpfändetes Sparkonto,
- Sparbuch mit Sperrvermerk,
- gemeinsames Sparbuch oder
- Bürgschaft.

! Die Kaution musst du nicht auf einen Schlag bezahlen, sondern darfst sie in drei gleichen Monatsraten zahlen. Die erste Rate ist zu Beginn des Mietverhältnisses fällig, die weiteren Teilzahlungen zusammen mit den unmittelbar folgenden Mietzahlungen.

Eine Vereinbarung im Mietvertrag, dass die Kaution nicht in Raten gezahlt werden darf, ist unwirksam.

Barkaution

Das ist die gebräuchlichste Art der Mietsicherheit. Sie hat für den Vermieter den Vorteil, dass er jederzeit auf das Geld zugreifen kann, sobald du deinen Zahlungsverpflichtungen nicht nachkommst. Und auch für dich ist die Barkaution am einfachsten.

Bei der Barkaution gibst du deinem Vermieter den Kautionsbetrag entweder bar (eher unüblich) oder überweist ihm das Geld.

! Fasse die Überweisung der Kaution nicht mit der Überweisung deiner (ersten) Miete zusammen, sondern überweise den Betrag separat. Gib als Verwendungszweck bei der Überweisung »Kaution« an – falls es irgendwann einmal zu Streit kommen sollte, kannst du so nachweisen, dass du die Mietkaution geleistet hast.

Dein Vermieter muss die Kaution von seinem eigenen Vermögen getrennt bei einer Bank zu dem für Spareinlagen mit dreimonatiger Kündigungsfrist üblichen Zinssatz anlegen. Die Zinsen stehen dir zu. Du bekommst sie nach dem Ende des Mietverhältnisses ausgezahlt, zwischendurch darfst du sie nicht verlangen. Die Zinsen erhöhen die Mietsicherheit für den Vermieter. Das heißt, er kann im Ernstfall, falls du deinen Zahlungsverpflichtungen nicht nachkommst, auf mehr Geld zurückgreifen, um die Zahlungsausfälle zu kompensieren.

Verpfändetes Sparbuch

Du kannst das Geld für die Kaution auch auf ein Sparbuch einzahlen, das auf deinen Namen läuft, und das Guthaben an deinen Vermieter verpfänden. Das verpfändete Sparkonto hat für dich den Vorteil, dass du bei der Bank einen Freistellungsauftrag erteilen kannst und für die anfallenden Zinsen keine (oder weniger) Kapitalertragsteuer bzw. Abgeltungsteuer zahlen musst.

Wenn du dich für das verpfändete Sparbuch entscheidest, solltest du mit deiner Bank vereinbaren, dass sie dich informiert, wenn der Vermieter über die Mietsicherheit verfügen will. Die Banken haben dafür entsprechende Vordrucke.

Sparbuch mit Sperrvermerk

Natürlich kannst du deinem Vermieter auch ein Sparbuch mit der Kaution geben, ohne dieses zu verpfänden. Damit der Vermieter nicht einfach ohne dein Wissen jederzeit Geld abheben kann, solltest du dann bei der Bank einen Sperrvermerk einrichten lassen. Dieser führt dazu, dass keine der Parteien (also weder du noch dein Vermieter) ohne Mitwirkung des anderen über das Guthaben verfügen kann.

Gemeinsames Sparbuch

Als Mietsicherheit empfehlenswert ist auch ein Sparbuch, über das Vermieter und Mieter gemeinsam verfügen können. Auf diese Weise ist sichergestellt, dass der Vermieter nicht ohne Mitwirkung des Mieters über das Geld verfügen kann.

Bürgschaft

Als Mietsicherheit kann auch eine Bürgschaft vereinbart werden. Als Bürgen kommen üblicherweise Banken, seltener auch Verwandte oder Arbeitgeber in Betracht. Durch die Übernahme der Bürgschaft verpflichtet sich der Bürge, für Forderungen des Vermieters einzustehen. Die Haftung des Bürgen ist begrenzt auf drei Monatsmieten. Die Bürgschaftserklärung muss schriftlich abgegeben werden.

Der Vorteil der Bürgschaft als Mietsicherheit besteht darin, dass du nicht wie bei der Mietkaution einen Geldbetrag in Höhe von drei Monatsmieten aufbringen musst. Allerdings musst du für eine Bankbürgschaft regelmäßig eine Vergütung zwischen 1 % bis 3 % der Bürgschaftssumme jährlich an das Kreditinstitut zahlen.

2.4.2 Wofür darf die Kaution verwendet werden?

Soweit im Mietvertrag nichts anderes geregelt ist, sichert die Mietkaution alle Forderungen deines Vermieters aus dem Mietverhältnis und seiner Beendigung. Das heißt konkret:

- Mietrückstände,
- Nebenkostenvorvorauszahlungen und -nachzahlungen,

- Schadensersatzansprüche wegen Beschädigung der Mietsache oder wegen sonstiger Vertragsverletzungen,
- Ansprüche auf Durchführung von Schönheitsreparaturen und Schadensersatzansprüche wegen Unterlassung solcher Arbeiten,
- Nutzungsentschädigung wegen verspäteter Räumung.

2.4.3 Was passiert bei einem Vermieterwechsel?

Wenn die Wohnung oder das Haus, das du gemietet hast, an einen neuen Eigentümer verkauft wird, wird dieser neue Eigentümer automatisch auch dein neuer Vermieter.

Damit »übernimmt« er auch die Kaution. Das heißt: Der neue Eigentümer kann die im Mietvertrag vereinbarte Kaution nicht noch einmal von dir verlangen, wenn du sie bereits an den alten Vermieter geleistet hast. Andererseits kannst du als Mieter anlässlich des Haus- oder Wohnungsverkaufs die Kaution nicht zurückverlangen, sondern erst nach Beendigung des Mietverhältnisses.

Nach Beendigung des Mietverhältnisses kannst du die Kaution auf jeden Fall vom neuen Eigentümer zurückverlangen. Das gilt sogar dann, wenn der neue Eigentümer die Kaution gar nicht vom alten Vermieter erhalten hat!

2.5 Miete bezahlen mit einem Dauerauftrag

Damit du nicht jeden Monat wieder daran denken musst, deine Miete erstens überhaupt und zweitens pünktlich zu bezahlen, richtest du dafür am besten einen Dauerauftrag ein. Dann wird das Geld automatisch zu einem von dir festgelegten Zeitpunkt von deinem Girokonto auf das Konto deines Vermieters überwiesen.

2.5.1 Dauerauftrag einrichten, anpassen und löschen

Wenn du ein Online-Konto hast, gibt es dort im Bereich »Überweisungen« den Punkt »Daueraufträge«. Dort trägst du die folgenden Angaben ein:

- Zahlungsempfänger (dein Vermieter)
- IBAN des Zahlungsempfängers
- Betrag (Miete plus Nebenkosten-Vorauszahlung)
- Verwendungszweck (»Miete und Nebenkosten-Vorauszahlung«)
- Ausführungstermin
- Ausführungsrhythmus

Als Ausführungszeitpunkt kannst du jeden beliebigen Tag wählen und anschließend entscheiden, in welchem Rhythmus das Geld abgebucht werden soll: monatlich, zweimonatlich, viertel-, halb- oder jährlich.

Miete bezahlt man normalerweise monatlich, also ist der Rhythmus klar. Im Mietvertrag steht, bis wann die Miete jeden Monat bezahlt werden muss, zum Beispiel »Die Miete einschl. Nebenkosten-Vorauszahlung ist bis spätestens am dritten Werktag monatlich im Voraus zu entrichten.« Dann stellst du am besten den 1. oder 2. als Überweisungstag ein, damit bist du auf der sicheren Seite. Zusätzlich kannst du noch einstellen, wann der Dauerauftrag zum ersten Mal ausgeführt werden soll.

Wenn deine Miete und/oder die Nebenkosten-Vorauszahlung erhöht wird, kannst du den Dauerauftrag ganz einfach anpassen. Rufe ihn in deinem Online-Konto auf und korrigiere den Betrag, der abgebucht werden soll.

Wenn du irgendwann ausziehst, löschst du den Dauerauftrag. Dazu füllst du das Feld »letztmalige Ausführung« mit dem Datum bzw. Monat aus, in dem du deinem Vermieter die letzte Miete überweisen musst. Daran solltest du rechtzeitig denken, denn per Dauerauftrag überwiesenes Geld kann man nicht zurückholen!

2.5.2 Was kostet ein Dauerauftrag?

Vor allem beim Online-Banking ist die Einrichtung, Änderung und Löschung von Daueraufträgen oft kostenlos bzw. in den Gebühren inkludiert – jedenfalls dann, wenn die die Daueraufträge online »verwaltest«. Lässt du dir am Telefon helfen, können Gebühren anfallen, meistens zwischen 50 Cent und 2 Euro.

Bei Sparkassen, Postbank, Volksbank und vielen anderen Filialbanken sind Daueraufträge kostenpflichtig. Gerade bei der Sparkasse unterscheiden sich die Gebühren von Stadt zu Stadt. Falls du kein Online-Konto hast, erkundige dich bitte bei deiner Bank oder Sparkasse, wie hoch die Gebühren für die Einrichtung, Änderung und Löschung von Daueraufträgen ist.

Falls du mehrere Daueraufträge einrichten oder bestehende Daueraufträge häufiger anpassen möchtest, könnten die Gebühren ein Anlass dafür sein, über einen Bankwechsel nachzudenken.

2.5.3 Wofür eignet sich ein Dauerauftrag noch?

Natürlich kannst du nicht nur deine Miete mit einem Dauerauftrag bezahlen, sondern zum Beispiel auch den Beitrag zum Fitness-Studio, für Streaming-Dienste oder Versicherungsbeiträge. Allerdings wird in diesen Fällen meist eine Abbuchungsermächtigung erteilt, Daueraufträge sind eher unüblich.

Wofür sich ein Dauerauftrag gut eignet, ist das Sparen! Wenn du zum Beispiel feststellst, dass du jeden Monat gut 100 Euro »übrig« hast und dieses Geld nicht unbedacht ausgeben möchtest, kannst du direkt jeden Monat 100 Euro von deinem Girokonto zum Beispiel auf ein Tagesgeldkonto »verschieben«.

So sammelst du eine schöne Rücklage an, die du entweder investieren oder für Urlaub ausgeben kannst. Oder du freust dich über ein finanzielles Polster, falls dein Auto kaputt geht oder andere unerwartete Ausgaben anstehen.

2.6 Nebenkosten: Was gehört dazu?

Nur selten sind mit der Miete auch die Nebenkosten abgegolten – in fast allen Mietverträgen wird vereinbart, dass der Mieter die Nebenkosten bzw. Betriebskosten zu tragen hat.

Wenn der Vermieter Betriebskosten (Nebenkosten) auf den Mieter umlegen will, genügt es, wenn er in den Mietvertrag schreibt, dass der Mieter »die Betriebskosten« zu tragen hat. Er muss dabei weder auf die Betriebskostenverordnung (BetrKV) verweisen, noch den Betriebskostenkatalog aus der Betriebskostenverordnung beifügen.

Wenn im Mietvertrag aber nur einzelne, konkrete Betriebskosten genannt sind, dann sind auch nur diese Kosten umlegbar. Alle anderen, nicht genannten Kosten, können nicht auf dich abgewälzt werden. Das Gleiche gilt, wenn im Mietvertrag der Betriebskostenkatalog abgedruckt ist mit der Möglichkeit, einzelne Kostenarten anzukreuzen. Dann gelten nur die angekreuzten Kosten als vereinbart.

2.6.1 Nebenkostenabrechnung und Verteilerschlüssel

Eine ordnungsgemäße Nebenkostenabrechnung muss klar, übersichtlich und aus sich heraus verständlich sein. Das ist der Fall, wenn ein durchschnittlicher Mieter in der Lage ist, die Art des Verteilerschlüssels und der einzelnen Kostenpositionen zu erkennen und den auf ihn entfallenden Anteil an den Gesamtkosten rechnerisch nachzuprüfen.

! Der Vermieter hat zwölf Monate Zeit, die Nebenkosten abzurechnen. Das bedeutet, dass er die Abrechnung spätestens bis zum Ablauf des zwölften Monats nach dem Ende des Abrechnungszeitraums mitteilen muss. Bekommst du die Abrechnung später als ein Jahr nach dem Ende der Abrechnungsperiode, kann der Vermieter keine Nachzahlung mehr verlangen. Ausnahme: Er hat die Verzögerung nicht verschuldet, musste also selbst zum Beispiel noch auf Daten von den Stadtwerken warten.

Der Vermieter muss in der Nebenkostenabrechnung die Kosten, die für das Haus im Abrechnungsjahr entstanden sind, auf die einzelnen Wohnungen verteilen. Der zugrunde gelegte Abrechnungsmaßstab muss nachvollziehbar angegeben und erläutert sein. Es gibt verschiedene Verteilerschlüssel.

Quadratmeter Wohnfläche	Die Verteilung der Betriebskosten erfolgt nach Quadratmetern. Dies ist in der Praxis der häufigste Abrechnungsmaßstab; er wird vom Gesetzgeber bevorzugt.
Verbrauch	Die verbrauchsabhängigen Betriebskosten wie Strom, Wasser oder Gas werden nach dem tatsächlichen Verbrauch der Mieter abgerechnet, was ohne Zweifel der gerechteste Maßstab ist.
Wohneinheit	Hier zählt jede Wohnung gleich. Die Betriebskosten werden durch die Anzahl der Wohnungen geteilt, was gerecht ist, wenn alle Wohnungen nahezu gleich sind oder den gleichen Nutzen haben (z.B. bei den Gebühren fürs Kabelfernsehen).
Personenzahl	Grundlage für die Verteilung der Betriebskosten ist hier die Anzahl der zum Haushalt des Mieters gehörenden Personen, was bei Betriebskosten wie zum Beispiel Müllgebühren sicher gerecht ist.

Der Vermieter darf nicht alle Kosten, die er im Zusammenhang mit der Wohnung bezahlen muss, auf seine Mieter umlegen, sondern nur die in § 2 Betriebskostenverordnung aufgezählten Betriebskosten. Dabei wird zwischen »kalten« und »warmen« Betriebskosten unterschieden:

- Die »warmen« Betriebskosten betreffen Heizung und Warmwasser.
- Alle anderen Betriebskostenarten sind »kalte« Betriebskosten. Sie haben nichts mit der Erwärmung der Wohnung zu tun.

2.6.2 »Warme« Betriebskosten

Heizkosten: Umlagefähig sind die Kosten des Betriebs der zentralen Heizungsanlage einschließlich der Abgasanlage, des Betriebs der zentralen Brennstoffversorgungsanlage oder der eigenständig gewerblichen Lieferung von Wärme oder der Reinigung und Wartung von Etagenheizungen und Gaseinzelfeuerstätten.

Kosten der zentralen Heizungsanlage: Umlagefähig sind u.a. die Kosten der verbrauchten Brennstoffe und ihrer Lieferung, des Betriebsstroms, der Bedienung, Überwachung und Pflege der Anlage, der regelmäßigen Prüfung ihrer Betriebsbereitschaft und Betriebssicherheit einschließlich der Einstellung durch eine Fachkraft, der Reinigung der Anlage und des Betriebsraums, der Messungen nach dem Bundes-Immissionsschutzgesetz und der Kosten der Berechnung und Aufteilung.

Kosten des Betriebs der zentralen Brennstoffversorgungsanlage: Hierzu gehören die Kosten der verbrauchten Brennstoffe und ihrer Lieferung, des Betriebsstroms und der Überwachung sowie der Reinigung der Anlage und des Betriebsraums.

Kosten für Wärmelieferung: Umlagefähig sind das Entgelt für die Wärmelieferung und die Kosten des Betriebs der zugehörigen Hausanlagen (Übergabestation, Absperrventile usw.).

Kosten der Reinigung und Wartung von Etagenheizungen und Gaseinzelfeuerstätten: Dazu gehören die Kosten der Beseitigung von Wasserablagerungen und Verbrennungsrückständen in der Anlage, der regelmäßigen Prüfung der Betriebsbereitschaft und Betriebssicherheit und der damit zusammenhängenden Einstellung durch eine Fachkraft sowie der Messungen nach dem Bundes-Immissionsschutzgesetz.

Warmwasserkosten: Dazu gehören die Kosten des Betriebs der zentralen Wasserversorgungsanlage, der eigenständig gewerblichen Lieferung von Warmwasser und der Reinigung und Wartung von Warmwassergeräten.

Kosten verbundener Heizungs- und Warmwasserversorgungsanlagen: Umlagefähig sind Heizungs- und Warmwasserkosten, die nicht bereits von den Kosten der Wasserversorgung, des Betriebs der zentralen Heizungsanlage einschließlich der Abgasanlage, der eigenständigen gewerblichen Lieferung von Wärme oder der Reinigung und Wartung von Etagenheizungen umfasst werden.

2.6.3 »Kalte« Betriebskosten

Laufende öffentliche Lasten des Grundstücks: Dazu gehört die Grundsteuer, die von den Gemeinden erhoben wird. Nicht auf die Mieter umlegen darf der Vermieter Anlieger- und Erschließungsbeiträge.

Wasserversorgungskosten: Umlagefähig sind u.a. die Kosten des Wasserverbrauchs, die Grundgebühren, die Kosten der Anmietung oder anderer Arten der Gebrauchsüberlassung von Wasserzählern, die Kosten ihrer Verwendung einschließlich der Kosten der Eichung sowie der Kosten der Berechnung und Aufteilung und die Kosten des Betriebs einer hauseigenen Wasserversorgungsanlage.

Entwässerungskosten: Umlagefähig sind die Gebühren für die Haus- und Grundstücksentwässerung, die Kosten des Betriebs einer entsprechenden nicht öffentlichen Anlage und die Kosten des Betriebs einer Entwässerungspumpe.

Aufzugskosten: Umlagefähig sind Kosten des Betriebsstroms, der Beaufsichtigung, der Bedienung, Überwachung und Pflege der Anlage, der regelmäßigen Prüfung ihrer Betriebsbereitschaft und Betriebssicherheit einschließlich der Einstellung durch eine Fachkraft sowie der Reinigung der Anlage.

Straßenreinigungskosten: Dazu gehören in erster Linie die für die öffentliche Straßenreinigung zu entrichtenden Gebühren und die Kosten entsprechender nicht öffentlicher Maßnahmen, ferner die Kosten für das Fegen und Kehren des Bürgersteigs und für den Winterdienst.

Müllbeseitigungskosten: Umlagefähig sind die für die Müllabfuhr zu entrichtenden Gebühren, die Kosten entsprechender nicht öffentlicher Maßnahmen, die Kosten des Betriebs von Müllkompressoren, Müllschluckern, Müllabsauganlagen sowie des Betriebs von Müllmengenerfassungsanlagen einschließlich der Kosten der Berechnung und Aufteilung.

Gebäudereinigung: Dazu gehören die Kosten für die Säuberung der von den Bewohnern gemeinsam genutzten Gebäudeteile, wie Zugänge, Flure, Treppen, Keller, Bodenräume, Waschküchen und Fahrkorb des Aufzugs.

Gartenpflege: Umlagefähig sind die Kosten der Pflege gärtnerisch angelegter Flächen einschließlich der Erneuerung von Pflanzen und Gehölzen, der Pflege von Spielplätzen einschließlich der Erneuerung von Sand und der Pflege von Plätzen, Zugängen und Zufahrten, die dem nicht öffentlichen Verkehr dienen.

Beleuchtungskosten: Dazu gehören die Kosten des Stroms für die Außenbeleuchtung und die Beleuchtung der von den Bewohnern gemeinsam genutzten Gebäudeteile, wie Zugänge, Flure, Treppen, Keller, Bodenräume und Waschküchen.

Schornsteinreinigung: Dazu gehören die Kehrgebühren nach der maßgebenden Gebührenordnung, soweit sie nicht bereits als Heizungskosten berücksichtigt sind.

Sach- und Haftpflichtversicherung: Umlagefähig sind die Kosten der Versicherung des Gebäudes gegen Feuer, Sturm, Wasser sowie sonstige Elementarschäden, die Kosten für die Glasversicherung und die Kosten der Haftpflichtversicherung für das Gebäude, den Öltank und den Aufzug.

Hauswartkosten: Zu den Kosten für den Hauswart gehören die Vergütung, die Sozialbeiträge und alle geldwerten Leistungen, die der Eigentümer dem Hauswart für seine Arbeit gewährt, soweit diese nicht die Instandhaltung, Instandsetzung, Erneuerung, Schönheitsreparaturen oder die Hausverwaltung betreffen.

Kosten der Gemeinschaftsantenne oder für Kabelfernsehen: Umlagefähig sind u.a. die Kosten des Betriebsstroms, der regelmäßigen Prüfung der Betriebsbereitschaft einschließlich der Einstellung durch eine Fachkraft, das Nutzungsentgelt für eine nicht zu dem Gebäude gehörende Antennenanlage sowie die Gebühren, die nach dem Urheberrechtsgesetz für die Kabelweitersendung entstehen.

Sonstige umlagefähige »kalte« Betriebskosten: Umlagefähig sind u.a. die Kosten der Dachrinnenreinigung, für Wartung und Prüfung der Feuerlöscher, von Pumpen, Sprinkleranlagen, einer Sprühwasser-Löschanlage oder für eine Rauchabzugsanlage, für die turnusmäßige Überprüfung einer Elektroanlage, für die Prüfung von Blitzableiteranlagen und des Wachdienstes bzw. Sicherheitsdienstes, wenn und soweit der Dienst in erster Linie dem Schutz der Mieter und nicht vorrangig dem Schutz des Gebäudes dient.

2.7 Umzug organisieren

Vor allem für die ersten Wohnungswechsel reichen ein paar gute Freunde und ein (geliehener) Transporter. Erst später leistest du dir vielleicht die Hilfe einer Umzugsfirma.

Aber auch beim Umzug mit Freunden musst du ein bisschen planen, damit du am Umzugstag nicht vor ungepackten Kisten stehst und deine Helfer nicht umsonst gekommen sind.

Die folgenden Tipps setzen voraus, dass du entweder zuhause bei den Eltern ausziehst oder deine bisherige Wohnung oder dein WG-Zimmer bereits fristgerecht gekündigt und einen Übergabetermin mit dem jetzt ehemaligen Vermieter vereinbart hast.

2.7.1 Zwei Monate vor dem Umzug

Mach dir eine To-Do-Liste mit allen Aufgaben, die du vor dem Umzug abarbeiten musst. In den nächsten Tagen kannst du schon an die ersten Punkte einen Haken zu setzen.

Auf deine Liste gehört:

- Muss in der alten und/oder neuen Wohnung gestrichen werden? Plane genügend Zeit dafür ein! Miss die zu streichenden Zimmer gut aus, damit du genügend Farbe kaufst.
- An welchem Tag genau willst du umziehen? Teile potenziellen Umzugshelfern den Termin mit, damit sie auch Zeit haben!

Nimm dir für den Umzugstag und am besten auch am Tag davor und danach Urlaub – du wirst ihn brauchen. Frage bei deinem Arbeitgeber, ob es für den Umzug vielleicht einen Tag Sonderurlaub gibt.

- Umzugskartons besorgen! Kümmere dich rechtzeitig um ausreichend Kartons. Du kannst sie neu oder gebraucht kaufen oder bei Umzugsfirmen leihen, vielleicht haben auch Freunde noch welche im Keller. Rechne mit 20–25 Kartons pro Person, die umzieht. Denke auch an Verpackungsmaterial und Schutz für Empfindliches. Am günstigsten kommst du dabei weg, wenn du dafür alte Zeitungen, Decken und Laken verwendest. Aber auch Luftpolsterfolie ist nicht wahnsinnig teuer.
- Welches Transportmittel kannst du für den Umzug benutzen? Hast du vielleicht selbst einen Transporter oder ein großes Auto? Kannst du die Autos deiner Umzugshelfer benutzen, gibt es Car-Sharing-Angebote oder kannst du dir im Familienkreis etwas Passendes ausleihen? Falls nicht: Informiere dich bei Autovermietungen, welche Möglichkeiten es gibt.
- Neue Anschrift mitteilen. Teile Arbeitgeber, Behörden, Banken, Versicherungen, Gewerkschaft, Vertragspartnern wie Handy-Anbieter, Fitness-Studio und Streamingdiensten sowie natürlich Freunden und Familie deine neue Anschrift mit. Fang früh damit an, das wird eine Weile dauern – man entdeckt immer wieder neue Stellen, der man den Adresswechsel mitteilen muss. Am besten gehst du deine Kontoauszüge der letzten zwölf Monate durch, darin findest du viele deiner Vertragspartner. Stell bei der Post auch einen Nachsendeantrag für die erste Zeit in der neuen Wohnung, damit nichts verloren geht.
- Strom, Gas, Wasser ablesen. Vereinbare mit deinen Versorgungsanbietern einen Termin für die letzte Ablesung.

- (Festnetz-)Telefon, Internet, Fernsehen kündigen, umziehen und/oder neu abschließen. Kündige deine alten Verträge bzw. frage die Anbieter, ob du den Vertrag in die neue Wohnung »mitnehmen« kannst. Falls nicht: Vergleiche Anbieter und schließe neue Verträge ab.
- Ausmisten. Ein Umzug ist eine gute Gelegenheit zum Ausmisten. In jeder Wohnung sammeln sich im Lauf der Zeit viele Dinge an, die man eigentlich gar nicht braucht. Die kannst du jetzt verkaufen, spenden, verschenken oder wegwerfen – je nach Zustand.

2.7.2 Zwei Wochen vor dem Umzug

Jetzt heißt es: Kisten packen. Plane bei einer Ein-Zimmer-Wohnung mindestens zwei Tage fürs Packen ein, bei einer Zwei-Zimmer-Wohnung vier Tage. Wenn du nur abends nach der Arbeit packen kannst, brauchst du länger. Fang nicht zu spät an, denn am Abend vor dem Umzug sollte alles fertig gepackt sein. Und: Erst die Dinge einpacken, die du am wenigsten brauchst, also zum Beispiel Winterkleidung im Sommer. Die Zahnbürste kommt erst ganz am Schluss ins Gepäck. Achte darauf, dass die Kartons nicht zu schwer werden! Beschrifte die Umzugskartons, damit deine Helfer sie gleich in den richtigen Raum tragen: Küche, Bad, Wohnzimmer, Schlafzimmer, Keller usw.

Wie ist die Parksituation vor deiner alten und neuen Wohnung? Beantrage bei der Stadt bzw. Gemeinde ggf. die Einrichtung einer vorübergehenden Halteverbotszone. Wenn du mit einem Umzugsunternehmen umziehst, kümmert sich dieses meistens darum. Bei einem Umzug in Eigenregie musst du das selbst organisieren.

Jetzt werden auch die Ablesetermine mit Gas-, Wasser- und Stromversorger stattfinden.

Informiere ggf. deine Nachbarn darüber, dass du aus- bzw. einziehst, denn ein Umzug verursacht zwangsläufig Lärm – spätestens dann, wenn Möbel abgebaut oder aufgebaut werden.

2.7.3 Ein Tag vor dem Umzug

Tief durchatmen.

- Pack eine Tasche oder einen kleinen Koffer mit allem, was du in den ersten Tagen in der neuen Wohnung brauchst: Kleidung, Duschgel, Shampoo, Deo, Rasierapparat, Medikamente, Handy, Ladekabel, Geldbeutel, Papiere usw. So hast du alles griffbereit und musst nicht in den Umzugskartons suchen (obwohl du diese ja sicher ordentlich beschriftet hast?!).
- Hast du alles andere in Kartons verpackt und beschriftet?
- Hast du Getränke und Snacks für deine Umzugshelfer besorgt?
- Gibt es in beiden (!) Wohnungen Toilettenpapier, Seife und ein Handtuch?
- Stehen Werkzeugkoffer und Akkuschrauber bereit für den Möbelaufbau?
- Hast du an Pflaster und Verbandszeug gedacht, falls sich jemand verletzt?
- Außerdem immer sinnvoll: Müllbeutel, Panzertape, Putzlappen, Universalreiniger, Küchenrolle – am besten in beiden Wohnungen.

Dann geh heute Abend früh ins Bett, damit du morgen früh startklar bist!

2.7.4 Am Umzugstag

Weise deine Umzugshelfer ein. Biete schon mal einen Snack zur Stärkung an und bedanke dich im Voraus für die Hilfe.

Packt den Transporter – erst die (abgebauten) Möbel, dann schwere Kartons. Alles, was leicht und empfindlich ist, kommt zuletzt ins Auto. Achtet darauf, dass nichts verrutschen kann.

Lass Sachen zum Putzen in der alten Wohnung, denn diese musst du »besenrein« an deinen Vermieter übergeben. »Besenrein« heißt: Es muss nicht glitzern und glänzen, aber sauber sollte schon alles sein. Darum kümmerst du dich am besten am Tag vor der Wohnungsübergabe.

Wenn ihr alle Möbel und Kartons umgezogen habt, bedanke dich noch einmal bei allen, die geholfen haben. Vielleicht gibt dein Umzugsbudget auch noch eine Runde Pizza für alle her? Das kommt immer gut an.

2.7.5 Nach dem Umzug

Möbel aufbauen, Kartons auspacken, heimisch werden in der neuen Wohnung: Die ersten Tage nach einem Umzug sind anstrengend und aufregend.

- Falls du beim Einzug das Treppenhaus schmutzig gemacht hast: Fege oder wische kurz durch, auch wenn du nicht dran bist (Stichwort Kehrwoche) oder es vielleicht sogar einen Reinigungsservice gibt.
- Vergiss nicht den Übergabetermin für deine alte Wohnung! Putz dort noch einmal kurz durch und schau auch dort, ob im Treppenhaus alles in Ordnung ist.
- Stell dich bei deinen neuen Nachbarn vor.
- Denke daran, geliehene Umzugskartons, Werkzeuge usw. zurückzugeben.
- Kümmere dich um Internet, Telefon und Fernsehen: Läuft alles?
- Überprüfe, ob du wirklich allen deine neue Anschrift mitgeteilt hast. Irgendwen vergisst man erfahrungsgemäß immer!
- Falls du eine Einweihungsparty planst: Informiere deine neuen Nachbarn und biete an, dass sie auf ein Getränk dazukommen können.

Pack deine Kartons aus, häng Vorhänge und Bilder auf, mach es dir gemütlich und: Willkommen im neuen Zuhause!

2.8 Anmeldung und Ummeldung beim Einwohnermeldeamt

Wenn du neu in eine Stadt ziehst oder innerhalb einer Stadt oder Gemeinde umziehst, musst du das dem Einwohnermeldeamt innerhalb von zwei Wochen mitteilen. Das Einwohnermeldeamt ist eine kommunale Behörde (Meldebehörde), mit der du bestimmt schon Kontakt hattest: Dort bekommt man nämlich auch den Personalweis und den Reisepass.

Für die Anmeldung oder Ummeldung brauchst du:

- Ausweisdokument (deutscher Personalausweis oder Reisepass; bei ausländischen Staatsangehörigen: Nationalpass und elektronischer Aufenthaltstitel – wenn nicht vorhanden: Geburtsurkunde),
- den Meldeschein »Anmeldung« oder Meldeschein »Ummeldung«, den du dir vorher beim Einwohnermeldeamt oder Bürgerdienst (Bürgerservice) deiner Stadt oder Gemeinde heruntergeladen und ausgefüllt hast,
- Wohnungsgeberbestätigung, die du von deinem Vermieter bekommst,
- alle Dokumente, die aufgrund deines Umzuges umgeschrieben werden müssen (z.B. Personalausweis, Fahrzeugpapiere, Reisepass, bei Bezirkswechsel Bewohnerparkausweis).

Wenn du nicht in eine Mietwohnung, sondern in eine Eigentumswohnung oder ein eigenes Haus ziehst, brauchst du außerdem den Grundbuchauszug und den Notarvertrag oder einen aktuellen Grundbuchbescheid. Die Wohnungsgeberbestätigung fällt in diesem Fall natürlich weg, denn einen Vermieter hast du ja nicht.

! Du musst dich bei der Meldebehörde nur anmelden – die Abmeldung vom alten Wohnort übernimmt die Meldebehörde für dich!

Sowohl die Anmeldung als auch die Ummeldung sind gebührenfrei, kosten also kein Geld. Bei der Umschreibung von Personalausweis und Reisepass wird normalerweise einfach nur ein »offizieller« Aufkleber mit deiner neuen Adresse über die alte Anschrift geklebt. Auch das kostet nichts. Erst wenn der Ausweis abläuft und du ein neues Dokument beantragst, wird dort die neue Adresse »fest« eingetragen. Und der neue Ausweis kostet dann die ganz normalen Gebühren, die für ein neues Ausweisdokument fällig werden.

Deiner Gemeinde ist es grundsätzlich erlaubt, Daten aus dem Melderegister weiterzugeben. Wenn du das nicht möchtest, kannst du der Weitergabe widersprechen (sog. »Übermittlungssperre«).

Gegen diese Auskunftserteilungen kannst du bei deiner Wohnsitzgemeinde Widerspruch erteilen:

- Übermittlung von Daten an das Bundesamt für das Personalmanagement der Bundeswehr,
- Übermittlung von Daten an eine öffentlich-rechtliche Religionsgesellschaft durch den Familienangehörigen eines Mitglieds dieser Religionsgemeinschaft,
- Übermittlung von Daten an Parteien, Wählergruppen u.a. bei Wahlen und Abstimmungen,
- Übermittlung von Daten aus Anlass der Alters- oder Ehejubiläen (ok, das ist noch ein bisschen hin, aber der Vollständigkeit halber haben wir das hier auch aufgenommen. Betroffen sind Altersjubiläen: 70. Geburtstag, jeder fünfte weitere Geburtstag und ab dem 100. Geburtstag jeder folgende Geburtstag; Ehejubiläen: 50. und jedes folgende Ehejubiläum) an Mandatsträger (das sind zum Beispiel Bürgermeister und Pfarrer)
- Übermittlung von Daten an Adressbuchverlage (z.B. Telefonbuch).

Der Widerspruch ist kostenlos, du musst nur deinen Personalausweis oder Reisepass vorlegen.

In Ausnahmefällen ist auch eine sogenannte »Auskunftssperre im Melderegister« möglich. Damit kannst du bewirken, dass deine Wohnortgemeinde nur noch in bestimmten Ausnahmefällen eine Melderegisterauskunft (z.B. Name, Anschrift) zu deinen Daten erteilt.

Für eine Auskunftssperre musst du ein schutzwürdiges Interesse an der Verweigerung von Melderegisterauskünften über deine Person nachweisen. Das ist zum Beispiel der Fall beim Schutz vor einer Gefahr für Leben, Gesundheit, persönliche Freiheit oder ähnliche schutzwürdige Belange.

Die Auskunftssperre wird auf zwei Jahre befristet ins Melderegister eingetragen und kann anschließend verlängert werden. Auskunftssperre und Verlängerung sind ebenfalls gebührenfrei.

2.9 Strom- und Gasanbieter auswählen und wechseln

Es gibt zahlreiche Strom- und Gasanbieter und da den Überblick zu behalten, ist alles andere als einfach. Am bekanntesten sind wahrscheinlich die jeweiligen »Stadtwerke« oder »Gemeindewerke«, über die die du Strom und Gas beziehen kannst.

Stadtwerke (wir bleiben jetzt einfach mal bei dem Begriff) sind zuständig für die sogenannte »Öffentliche Daseinsvorsorge«. Das bedeutet, sie kümmern sich um die Versorgung der Bürger mit Strom, Gas und Wasser, die Müllabfuhr, den ÖPNV und noch einiges mehr. Früher waren das ausschließlich kommunale Betrieb, die den Städten, Gemeinden oder Kreisen gehörten. In den 1990er Jahren gab es dann eine umfangreiche Liberalisierung und Deregulierung und viele Stadtwerke wurden privatisiert. Heute sind sie private Unternehmen und werden als GmbH oder AG geführt.

Wenn du einen Vertrag über die Lieferung von Strom und Gas abschließen möchtest, musst du nicht den Anbieter aus deiner Stadt oder Gemeinde wählen – du kannst jeden Anbieter in ganz Deutschland als deinen persönlichen Lieferanten auswählen und mit ihm einen Vertrag abschließen. Du musst auch nicht beides vom gleichen Anbieter kaufen, sondern kannst Gas und Strom von zwei komplett unterschiedlichen Unternehmen beziehen. Gas brauchst du außerdem vielleicht auch gar nicht, wenn du z.B. mit Öl oder Fernwärme heizt.

Um vergleichen zu können, welcher Anbieter die besten Konditionen hat und wie zufrieden die Kunden sind, gibt es Online-Vergleichsportale, bei denen du Preise und Service vergleichen kannst.

Die bekanntesten sind zurzeit sicher Check24 und Verivox. Eine kurze Internetrecherche führt dich zu weiteren Vergleichsportalen, suche z.B. nach *Stromanbieter Vergleich*.

Bei Vergleichsportalen solltest du jedoch beachten, dass sie nicht komplett unabhängig sind, denn sie finanzieren sich durch Vermittlungsprovisionen, die sie von den Gas- und Stromversorgern gezahlt bekommen. Mittlerweile müssen die Vergleichsportale kenntlich machen, von wem sie Provisionen erhalten und wer beim Vergleich nicht mit aufgelistet ist.

Und: Augen auf bei den Tarifen, die dir auf Vergleichsportalen angezeigt werden! Manchmal sind sie veraltet und die Grundversorgungstarife werden oft überhaupt nicht angezeigt.

Wenn Strom und/oder Gas gerade sehr teuer sind, lohnt ein Blick auf die Homepage des »Grundversorgers« in deinem Wohnort. Das ist das Energieversorgungsunternehmen, das vor Ort die meisten Haushaltskundinnen und -kunden mit Strom und/oder Gas beliefert. Du findest den örtlichen Grundversorger, indem du im Internet nach dem Namen deiner Stadt und »Grundversorger« suchst. Geh auf die Webseite und suche dort nach »Grundversorgungstarif«. Ist dieser Tarif günstiger als die Tarife, die du über die Vergleichsportale gefunden hast, raten wir dir, hier einen Vertrag abzuschließen. Der große Vorteil: Du kommst mit einer zweiwöchigen Kündigungsfrist wieder aus dem Vertrag heraus und kannst bei einem anderen Anbieter einen neuen Vertrag abschließen, wenn sich die Preise ändern.

Wenn du ein gutes Angebot außerhalb des Grundversorgungstarifs gefunden hast, dann schließt du am besten einen Vertrag mit einer Preisgarantie für ein bis zwei Jahre ab. Den Vertrag kannst du über die Seite des Vergleichsportals abschließen oder auch beim Versorger direkt. Nach einem oder zwei Jahren schaust du dann, wie sich die Preise entwickelt haben und verlängerst deinen bestehenden Vertrag oder wechselst zu einem günstigeren Anbieter. Die Kündigung beim bisherigen Anbieter übernimmt dann dein neuer Anbieter für dich – du musst dich um nichts kümmern, außer den Preisvergleich einmal im Jahr!

! Wenn du den Anbieter wechselst, brauchst du übrigens nicht zu befürchten, dass du plötzlich für ein paar Tage ohne Strom oder Gas dastehst: Über die oben bereits beschriebene Grundversorgung wirst du immer versorgt! Sie greift zum Beispiel auch dann ein, wenn du gerade in eine neue Wohnung eingezogen bist und noch keinen Vertrag mit einem (anderen) Anbieter abgeschlossen hast.

2.10 Mieterhöhungen: Was ist erlaubt?

Grundsätzlich darf der Vermieter während des laufenden Mietverhältnisses die vereinbarte Miete unter bestimmten Voraussetzungen und in einem bestimmten Rahmen bis zur ortsüblichen Vergleichsmiete erhöhen.

Das sind die Voraussetzungen für eine Mieterhöhung:

- Die Mieterhöhung darf nicht ausgeschlossen sein.
- Die geforderte Miete darf die ortsübliche Vergleichsmiete nicht übersteigen.

- Die bisherige Miete muss seit mindestens einem Jahr unverändert sein.
- Die Miete darf sich innerhalb von drei Jahren nicht um mehr als 20 % erhöhen (sog. »Kappungsgrenze«).
- Das Mieterhöhungsverlangen muss vom richtigen Vermieter an den richtigen Mieter gerichtet sein.
- Die Mieterhöhung muss in Textform begründet werden.
- Der Mieter muss der Mieterhöhung zustimmen oder gerichtlich zur Zustimmung verurteilt werden.

»Ortsübliche Vergleichsmiete« ist die Miete, die in der betreffenden Gemeinde oder einer vergleichbaren Gemeinde für Wohnungen vergleichbarer Art, Größe, Ausstattung, Beschaffenheit und Lage einschließlich der energetischen Ausstattung und Beschaffenheit in den vergangenen sechs Jahren üblicherweise verlangt wurde.

Der Vermieter muss begründen, warum er die verlangte Neumiete für ortsüblich hält. Dafür stehen ihm vier Begründungsmittel zur Verfügung:

- der Mietspiegel,
- die Bezugnahme auf eine Mietdatenbank.
- ein Sachverständigengutachten oder
- die Benennung von drei Vergleichswohnungen.

Der Vermieter muss die höhere Miete schriftlich verlangen. Eine mündliche Erklärung genügt also nicht.

Aus dem Mieterhöhungsverlangen muss die Höhe der neuen Miete oder der Erhöhungsbetrag hervorgehen. Außerdem muss das Schreiben eine Begründung und die Aufforderung an den Mieter enthalten, der Mieterhöhung zuzustimmen. Die Zustimmung kann auch mündlich erfolgen. Eine sogenannte »stillschweigende Zustimmung« liegt vor, wenn du auf das Mieterhöhungsverlangen zwar schweigst, aber die höhere Miete zahlst: Wenn du zwei oder drei Mal die höhere

Miete zahlst, stimmst du dem Erhöhungsverlangen des Vermieters unwiderruflich zu. Manche Gerichte sehen bereits bei einer einmaligen Zahlung der höheren Miete eine Zustimmung.

Du kannst die Zustimmung zur Mieterhöhung auch verweigern, zum Beispiel weil der Vermieter die Mieterhöhung nicht ordnungsgemäß begründet oder die Wartefrist nicht eingehalten hat. Dann kann der Vermieter die Mieterhöhung nur durchsetzen, wenn er dich auf Zustimmung verklagt.

Das Gericht prüft, ob das Mieterhöhungsschreiben den rechtlichen Anforderungen entspricht und ob die Mieterhöhung gerechtfertigt ist. Je nach Ergebnis der Prüfung wird entweder die Klage des Vermieters abgewiesen oder du wirst ganz oder teilweise zur Zustimmung verurteilt.

! Allein deshalb, weil du der verlangten Mieterhöhung nicht zustimmst, kannst du nicht gekündigt werden! Nur wenn du vom Gericht rechtskräftig verurteilt wurdest, die höhere Miete zu zahlen und dich weigerst, darf der Vermieter dir kündigen.

Du kannst der Mieterhöhung auch nur teilweise zustimmen, weil zum Beispiel die ortsübliche Vergleichsmiete geringer ist oder die Kappungsgrenze den Erhöhungsbetrag begrenzt. Die Miete erhöht sich dann nur um den Teilbetrag, ohne dass der Vermieter dem zustimmen muss. Will er eine höhere Miete durchsetzen, muss er hinsichtlich des Restbetrags klagen.

2.10.1 Mieterhöhung bei Staffelmiete

Wenn in deinem Mietvertrag eine Staffelmiete vereinbart ist, erhöht sich die Miete automatisch entsprechend der vereinbarten Mietenstaffeln. Die Mieterhöhungen während der Laufzeit des Mietvertrags stehen also bereits beim Mietbeginn fest und dein Vermieter muss dich nicht gesondert auffordern, die höhere Miete zu zahlen. Du musst selbst daran denken und deinen Dauerauftrag entsprechend anpassen.

Hat sich dein Vermieter bei der Festlegung der Mietstaffeln verkalkuliert, kann er während der Laufzeit der Staffelmietvereinbarung die Miete nicht bis zur ortsüblichen Vergleichsmiete erhöhen. Auch eine Mieterhöhung wegen Modernisierung ist während dieser Zeit ausgeschlossen.

2.10.2 Mieterhöhung bei Indexmiete

Bei der Indexmiete richtet sich die Miete nach der Entwicklung der Lebenshaltungskosten und wird durch den vom Statistischen Bundesamt (destatis.de) ermittelten Preisindex für die Lebenshaltung aller privaten Haushalte in Deutschland bestimmt.

Im Gegensatz zur Staffelmiete erhöht sich bei der Indexmiete die Miete nicht automatisch. Der Vermieter muss die Mieterhöhung in Textform geltend machen, also zum Beispiel per Brief oder E-Mail.

Vor der ersten und jeder weiteren Änderung der Miete aufgrund der Indexklausel muss die Miete mindestens ein Jahr unverändert gewesen sein. Im Mietvertrag kann eine längere Frist vereinbart werden.

In der Mieterhöhungserklärung müssen die eingetretene Änderung des Preisindexes sowie die jeweilige Miete oder die Erhöhung in einem Geldbetrag (d.h., nicht in Prozent) angegeben werden. Ohne diese Angaben ist die Erklärung unwirksam. Rechenfehler machen die Erklärung zwar unrichtig, aber nicht unwirksam. Du schuldest dann nur die geänderte Miete in der richtigen Höhe.

Nicht erforderlich ist, dass der Vermieter der Mieterhöhungserklärung eine Indextabelle beilegt. Denn diese gilt als »allgemein zugänglich« und kann im Internet auch schnell gefunden werden: einfach nach *destatis verbraucherpreisindex* suchen.

Grundlagen für die Mietänderung sind der Preisindex zum Zeitpunkt des Abschlusses des Mietvertrags bzw. der letzten Mieterhöhung und der aktuelle Index. Die prozentuale Veränderung vom Indexstand lässt sich dann nach folgender Formel berechnen:

$$\text{Prozentuale Steigerung} = \frac{\text{neuer Indexstand} : \text{alter Indexstand} \times 100}{100}$$

! Sinkt der Preisindex, kannst du vom Vermieter eine entsprechende Absenkung der Miete verlangen! Du musst dann genauso wie der Vermieter vorgehen, also Textform beachten, Änderung des Preisindex angeben und die jeweilige Miete oder deren Absenkung in einem Geldbetrag nennen. Das Recht auf Mietsenkung kann vertraglich nicht ausgeschlossen werden, eine entsprechende Klausel wäre unwirksam. Ebenso wenig kann wirksam vereinbart werden, dass die Miete nicht unter einen bestimmten Betrag absinken darf.

2.10.3 Mieterhöhung nach Modernisierungsmaßnahmen

Der Vermieter kann die jährliche Miete um 8 % der für die Wohnung aufgewendeten Kosten erhöhen, wenn er bestimmte Modernisierungsmaßnahmen durchgeführt hat.

Eine solche Mieterhöhung ist möglich bei Maßnahmen

- durch die in Bezug auf die Mietsache Endenergie nachhaltig eingespart wird (energetische Modernisierung),
- durch die der Wasserverbrauch nachhaltig reduziert wird,
- durch die der Gebrauchswert der Wohnung nachhaltig erhöht wird,
- durch die die allgemeinen Wohnverhältnisse auf Dauer verbessert werden,
- die aufgrund von Umständen durchgeführt werden, die der Vermieter nicht zu vertreten hat und die keine Erhaltungsmaßnahmen sind.

Wenn durch die baulichen Maßnahmen nicht erneuerbare Primärenergie eingespart oder das Klima nachhaltig geschützt wird oder wenn neuer Wohnraum geschaffen wird, ist keine Mieterhöhung möglich.

! Der Vermieter darf die Miete nicht erhöhen, wenn er sich bereits bei Abschluss des Mietvertrags verpflichtet hat, die Wohnung zu modernisieren und du nur unter dieser Bedingung den Mietvertrag unterschrieben hat. Außerdem ist eine Mieterhöhung wegen Modernisierung natürlich auch dann ausgeschlossen, wenn dies im Mietvertrag ausdrücklich so vereinbart ist.

2.11 Freunde, Haustiere, Rauchen: Was ist erlaubt?

2.11.1 Übernachtungsgäste und Untervermietung

Besuch darfst du in deiner Wohnung immer bekommen und der darf dann auch mal über Nacht bleiben. Wenn du für einen längeren Zeitraum oder sogar dauerhaft eine weitere Person in deine Wohnung aufnehmen möchtest, gelten strengere Regeln.

Ohne die Erlaubnis deines Vermieters darfst du die Wohnung nicht einem »Dritten« überlassen, insbesondere darfst du sie nicht weitervermieten. Die »Dritten«, um die es hier geht, sind Freunde und andere Menschen, mit denen du nicht eng verwandt bist. Deine nächsten Familienangehörigen sind keine »Dritten« in diesem Sinne. Dazu gehören vor allem Ehepartner, eigene Kinder (oder die Kinder des Ehepartners) oder auch Personen, die du zu deiner Pflege benötigst, falls du eine Behinderung hast und pflegebedürftig bist. Auch deine Eltern darfst du in die Wohnung aufnehmen. Wichtig: Die Aufnahme dieser nächsten Angehörigen gehört zwar zum Mietgebrauch, du musst den Vermieter aber darüber informieren. Und falls eine Überbelegung der Wohnung vorliegt, kann der Vermieter die Aufnahme solcher Personen auch verbieten. Man geht davon aus, dass für jede Person mindestens ein Raum und zusätzlich eine Nutzfläche von 6 bis 9 m^2 zur Verfügung stehen müssen.

Lebensgefährten sind nicht mit Ehepartnern oder Familienangehörigen gleichgestellt. Wenn sie bei dir einziehen sollen, musst du deinen Vermieter um Erlaubnis fragen. Dein Wunsch, eine nichteheliche Lebensgemeinschaft zu begründen oder fortzusetzen, reicht allerdings in aller Regel aus, um das sogenannte »berechtigte Interesse« an der Aufnahme in die Mietwohnung darzulegen.

»Berechtigtes Interesse« heißt: Du kannst vernünftige und nachvollziehbare wirtschaftliche und/oder persönliche Gründe anführen für deinen Wunsch, eine weitere Person in die Mietwohnung aufzunehmen. Das berechtigte Interesse darf aber erst nach Abschluss des Mietvertrags entstanden sein. Es kann sich insbesondere aus einer Veränderung deiner persönlichen Verhältnisse nach Abschluss des Mietvertrags ergeben (z.B. Einzug des Partners) oder der nachträglichen Verringerung deiner Einkünfte (z.B. Wunsch nach Untervermietung).

Wenn du also ein berechtigtes Interesse hast, folgt daraus ein Anspruch auf die Genehmigung des Vermieters und es kann eine weitere Person bei dir einziehen. Für die Erteilung der Erlaubnis ist gesetzlich keine Form vorgeschrieben. Sie kann schriftlich, mündlich oder stillschweigend erteilt werden. Die Erlaubnis zur Gebrauchsüberlassung kann sowohl (im Voraus) generell oder für den Einzelfall erteilt werden.

Wichtige Ausnahme: Der Vermieter muss deinen Wunsch nicht erfüllen, wenn der Wohnraum übermäßig belegt würde oder dem Vermieter die Überlassung aus sonstigen Gründen nicht zugemutet werden kann.

In diesen Fällen entfällt der Anspruch des Mieters auf Erteilung der Erlaubnis zur Untervermietung bzw. zur sonstigen Gebrauchsüberlassung:

- Wenn in der Person des Dritten ein »wichtiger Grund« vorliegt. Das ist beispielsweise der Fall, wenn eine Störung oder Belästigung des Vermieters oder anderer Mieter oder eine Beschädigung der Mietsache zu befürchten ist. Ob der Untermieter in der Lage ist, die Miete zu zahlen, spielt keine Rolle, weil nicht er, sondern du dem Vermieter die Miete schuldest (also Augen auf bei der Wahl des Untermieters!);

- Wenn der Wohnraum übermäßig belegt wäre. Hier kommt es auf das Verhältnis der Personenzahl von Mietern und Untermietern zur Gesamtfläche der Wohnung sowie zur Anzahl der vorhandenen Räume an. Man geht davon aus, dass für jede Person mindestens ein Raum und zusätzlich eine Nutzfläche von 6 bis 9 m^2 zur Verfügung stehen müssen;
- Wenn dem Vermieter die Überlassung der Räume an den Dritten aus sonstigen Gründen nicht zugemutet werden kann. Das ist zum Beispiel der Fall, wenn das Mietverhältnis zwischen deinem Vermieter und dir (man nennt es das Hauptmietverhältnis) bald endet und die Gefahr besteht, dass der Untermieter bei Mietende nicht rechtzeitig auszieht.

Der Vermieter darf seine Erlaubnis zur Untervermietung auch davon abhängig machen, dass du dich mit einer Mieterhöhung einverstanden erklärst, wenn ihm die Erlaubnis sonst nicht zumutbar ist. Voraussetzung für einen solchen »Untermietzuschlag« ist, dass der Vermieter durch die Untervermietung stärker belastet wird. Das ist insbesondere der Fall, wenn wegen der Zahl der Wohnungsbewohner eine stärkere Wohnungsabnutzung verbunden ist oder der Vermieter mit höheren Betriebskosten belastet wird. Letzteres kommt allerdings nur in den seltenen Fällen in Betracht, in denen der Vermieter die Betriebskosten nicht auf die Mieter umlegt (Inklusivmiete) und er durch den Mehrverbrauch zum Beispiel für Wasser finanziell stärker belastet wird.

Wenn du deine Wohnung ohne das Einverständnis deines Vermieters untervermietest, darf der Vermieter den Mietvertrag mit dir kündigen. Vorher muss er dich allerdings noch abmahnen und dir die Gelegenheit geben, die unerlaubte Untervermietung zu beenden.

2.11.2 Hund, Katze, Maus – Kobra?

Hund, Katze, Maus, Giftschlange: Wenn du mit Haustier in eine Wohnung einziehen möchtest, solltest du auf jeden Fall vor der Unterzeichnung des Mietvertrags mit deinem Vermieter sprechen. Dann ist von Anfang an alles klar.

Was aber, wenn du ohne Haustier eingezogen bist und dir jetzt eines zulegen möchtest? Dann müssen vier Fälle unterschieden werden:

- Der Mietvertrag erlaubt die Tierhaltung;
- der Mietvertrag regelt die Tierhaltung nicht;
- der Mietvertrag verbietet die Tierhaltung;
- der Mietvertrag verlangt die Erlaubnis des Vermieters.

Wenn im Mietvertrag die Tierhaltung erlaubt ist, darfst du Hamster, Kaninchen, Meerschweinchen, Wellensittiche, Zierfische und ähnliche Kleintiere sowie Hunde und Katzen halten – allerdings nur in üblicher Zahl entsprechend der Wohnungsgröße. Drei Bulldoggen in einer Ein-Zimmer-Wohnung muss kein Vermieter akzeptieren: Die Tierhaltung darf nicht zu einer Verwahrlosung der Wohnung und zu einer unzumutbaren Belästigung der anderen Mieter führen.

Für ungewöhnliche Tiere wie zum Beispiel Gift- und Würgeschlangen brauchst du außerdem auch dann die Zustimmung des Vermieters, wenn der Mietvertrag Tierhaltung erlaubt.

Kleintiere darfst du auch dann halten, wenn der Mietvertrag keine Regelung über die Tierhaltung in der Wohnung enthält. Also zum Beispiel Hamster, Kaninchen, Schildkröten, Meerschweinchen, Wellensittiche, Zierfische und ähnliche Tiere. Sogar ein Minischwein und Chinchillas gehören dazu. Für die Haltung solcher Kleintiere musst du den Vermieter nicht um Erlaubnis fragen.

Ob andere Haustiere als Kleintiere (insbesondere Katzen und Hunde) gehalten werden dürfen, hängt immer vom Einzelfall ab und kann nicht generell beurteilt werden. Bei der Abwägung müssen unter anderem berücksichtigt werden:

- Art, Größe, Verhalten und Anzahl der Tiere,
- Art, Größe, Zustand und Lage der Wohnung sowie des Hauses, in dem sich die Wohnung befindet,
- Anzahl, persönliche Verhältnisse, Alter, berechtigte Interessen der Mitbewohner und Nachbarn,
- Anzahl und Art anderer Tiere im Haus,
- bisherige Handhabung des Vermieters sowie
- besondere Bedürfnisse des Mieters.

Wenn der Mietvertrag die Tierhaltung in der Wohnung verbietet, ist zu unterscheiden, ob das Verbot individuell ausgehandelt oder in einem Formularmietvertrag vereinbart wurde:

- Eine in einer individuellen Vereinbarung festgelegte Regelung, die dem Mieter die Haltung von Hunden und Katzen verbietet, ist wirksam. Im Ernstfall musst du also das Tier wieder aus der Wohnung entfernen, wenn dein Vermieter das verlangt. Ausnahmen gibt es nur in besonderen Fällen, zum Beispiel für Blindenhunde.
- Das in einem Formularmietvertrag geregelte uneingeschränkte Verbot jeglicher Tierhaltung ist unwirksam, weil in diesem Fall auch Kleintiere wie Hamster, Schildkröten oder Zierfische verboten wären.
- Ebenfalls unwirksam ist die Klausel im Mietvertrag, die dem Mieter das Halten von Hunden und Katzen generell untersagt, weil diesem dann die Hunde- und Katzenhaltung ausnahmslos und ohne Rücksicht auf besondere Interessenlagen untersagt ist.

Auch dann, wenn die Tierhaltung von der Erlaubnis des Vermieters abhängen soll, kommt es zur Wirksamkeit dieser Vereinbarung auf die genaue Formulierung im Mietvertrag an:

- Eine Klausel, die die Tierhaltung in der Wohnung generell von der Erlaubnis des Vermieters abhängig macht, ist unwirksam, weil diese dann die Zustimmungspflicht auch für Kleintiere einschließt. Kleintiere sind aber immer erlaubt.
- Unwirksam ist auch die Klausel in einem formularmäßigen Wohnungsmietvertrag »Jede Tierhaltung, insbesondere von Hunden und Katzen, mit Ausnahme von Ziervögeln und Zierfischen, bedarf der Zustimmung des Vermieters«, weil hier zwar einige, aber nicht alle Kleintiere von der Erlaubnispflicht des Vermieters ausgenommen sind.
- Wirksam ist dagegen folgende Klausel: »Der Mieter darf Haustiere mit Ausnahme von Kleintieren (Ziervögel etc.) nur mit Zustimmung des Vermieters halten. Die Zustimmung ist zu versagen bzw. kann widerrufen werden, wenn durch die Tiere andere Hausbewohner oder Nachbarn belästigt werden oder eine Beeinträchtigung der Mieter oder des Grundstücks zu befürchten ist«.

2.11.3 Rauchen: Wohnung, Balkon, Treppenhaus

Rauchen in der Mietwohnung, auf dem Balkon, der Terrasse, im Treppenhaus und im Hausflur: Das führt oft zu einer (Geruchs-)Belästigung der Nachbarn und damit unweigerlich zum Streit. Es stellt sich also die Frage, ob das Rauchen in der Wohnung zum vertragsgemäßen Gebrauch gehört und erlaubt ist.

Rauchen in der Mietwohnung gehört grundsätzlich zum vertragsgemäßen Gebrauch und ist deshalb erlaubt, wenn es nicht durch den Mietvertrag wirksam eingeschränkt ist. Nachbarn, die sich belästigt fühlen, können nicht verlangen, dass du weniger rauchst oder zu bestimmten Zeiten lüftest.

Das gilt natürlich auch umgekehrt, wenn du dich von rauchenden Nachbarn belästigt fühlst! Du darfst dann übrigens auch nicht die Miete mindern.

Aber: Rauchen in einer Mietwohnung geht über den vertragsgemäßen Gebrauch hinaus, wenn dadurch Verschlechterungen der Wohnung verursacht werden, die sich nicht mehr durch Schönheitsreparaturen beseitigen lassen, sondern darüber hinausgehende Instandsetzungsarbeiten erfordern. Dann musst du den Schaden ersetzen. Das ist insbesondere der Fall, wenn Decken, Wände und Türen durch den Zigarettenrauch stark vergilbt sind und sich der Rauch in die Wände »gefressen« hat.

Für das Rauchen auf dem Balkon kommt es auf den Einzelfall an und es kann nur in wenigen Fällen verlangt werden, dass weniger geraucht wird. So können Vermieter oder Nachbarn nur dann verlangen, dass auf dem Balkon oder der Terrasse weniger geraucht wird, wenn in erheblichem Maße Nikotingeruch in benachbarte Mietwohnungen dringen kann. Das Maß der hinzunehmenden Beeinträchtigungen ist nach dem Gebot der gegenseitigen Rücksichtnahme zu bestimmen – und hier hat wahrscheinlich jeder Mensch eine andere Toleranzgrenze ...

Meistens läuft es dann auf eine Regelung nach Zeitabschnitten hinaus. Dem (belästigten) Mieter müssen Zeiträume freigehalten werden, in denen er seinen Balkon unbeeinträchtigt von Rauchbelästigungen nutzen kann, während dem anderen (dem rauchenden) Mieter Zeiten einzuräumen sind, in denen er auf dem Balkon rauchen darf. Die Bestimmung der konkreten Zeiträume hängt, wie so oft, von den Umständen des Einzelfalls ab. Dem Raucher kann also das Rauchen auf seinem Balkon nicht generell verboten werden, er muss aber »mindestens stundenweise« auf das Rauchen verzichten. Möglicherweise sind hierbei jahreszeitlich unterschiedliche Regelungen zu treffen, da der gestörte Mieter seinen Balkon während der kalten Jahreszeit nicht oder kaum nutzen wird.

Für Hausflur, Treppenhaus, Keller, Dachboden usw. (sog. Gemeinschaftsräume) kann im Mietvertrag auch formularmäßig ein Rauchverbot festgelegt werden. Ein entsprechendes Verbot kann auch in die Hausordnung aufgenommen werden und ist wirksam.

2.12 Wohnung kündigen

Wenn du den Mietvertrag für deine Wohnung kündigen möchtest, musst du eine Kündigungsfrist von drei Monaten einhalten. Das nennt man »ordentliche Kündigung«. Nur in Ausnahmefällen geht es auch ohne Kündigungsfrist, das ist dann die »fristlose Kündigung«.

2.12.1 Kündigung mit Kündigungsfrist

Deinen Mietvertrag kannst du jederzeit fristgemäß kündigen. Die Kündigungsfrist beträgt drei Monate zum Monatsende. Im Mietvertrag darf keine längere Kündigungsfrist für dich als Mieter vereinbart werden (für den Vermieter dagegen schon). Es ist aber zulässig, im Mietvertrag für den Mieter eine günstigere (z.B. einmonatige oder 14-tägige) Kündigungsfrist zu vereinbaren. Dann kannst aber nur du (der Mieter) mit der kürzeren Frist kündigen, der Vermieter muss trotzdem die gesetzliche längere Kündigungsfrist einhalten.

! Dein Vermieter darf den Mietvertrag nur fristgemäß kündigen, wenn ein sogenanntes berechtigtes Interesse vorliegt, zum Beispiel Eigenbedarf. In diesem Fall braucht er die Wohnung selbst. Als Mieter kannst du den Mietvertrag immer kündigen und brauchst keinen besonderen Grund dafür.

Der Lauf der Kündigungsfrist beginnt mit dem Tag des Zugangs der Kündigungserklärung beim Vermieter. Soll der Monat, in dem die Kündigung erfolgt, für die Berechnung der Kündigungsfrist mit berücksichtigt werden, muss die Kündigungserklärung spätestens am dritten Werktag dieses Monats dem Vermieter zugegangen sein. Die ersten drei Werktage des Monats, an dem die Kündigung spätestens zugegangen sein muss, werden als sogenannte Karenzzeit bezeichnet. Im Rahmen der Karenzzeit zählt auch der Samstag als Werktag.

Geht dem Vermieter die Kündigung nicht mehr innerhalb der Karenzzeit zu, ist die Kündigung nicht unwirksam – der Vertrag endet dann bloß erst einen Monat später, als in der Kündigung angegeben ist.

» Wenn dem Vermieter die Kündigung am 3. Juni zugeht, zählt der Juni noch mit. Bei einer dreimonatigen Kündigungsfrist ist die Kündigung dann zum 31. August wirksam.

Wenn die Kündigungserklärung dem Vermieter am 4. Juni zugeht, tritt die Kündigungswirkung einen Monat später ein, also erst am 30. September.

! Wenn du per Post kündigst, bring den Brief rechtzeitig auf den Weg! Noch besser ist es, wenn du deinem Vermieter die Kündigung persönlich übergeben kannst. Nimm dann unbedingt einen Zeugen mit, der bestätigen kann, dass du rechtzeitig gekündigt hast.

2.12.2 Fristlose Kündigung

Wenn es einen »wichtigen Grund« gibt, kannst du den Mietvertrag auch fristlos kündigen. Ein solcher wichtiger Grund liegt vor, wenn dir unter Berücksichtigung aller Umstände des Einzelfalls, insbesondere eines Verschuldens des Vermieters, und unter Abwägung der beiderseitigen Interessen die Fortsetzung des Mietverhältnisses bis zum Ablauf der Kündigungsfrist oder bis zur sonstigen Beendigung des Mietverhältnisses nicht zugemutet werden kann. So steht es im Gesetz.

Als zwei konkrete Fälle eines wichtigen Grundes, bei deren Vorliegen der Mieter immer fristlos kündigen kann, nennt das Gesetz die Nichtgewährung oder den Entzug des vertragsgemäßen Gebrauchs durch den Vermieter und die Gesundheitsgefährdung.

Die Entziehung des vertragsgemäßen Gebrauchs liegt zum Beispiel vor, wenn

- im Laufe des Mietverhältnisses erhebliche Mängel in der Wohnung auftreten,
- dir die Wohnung nicht zum vereinbarten Termin übergeben wird,
- die Wohnung wegen Feuchtigkeit oder unzureichender Heizung ganz oder zum Teil nicht nutzbar ist,
- der Vermieter eigenmächtig das Türschloss ausgewechselt hat,
- die Wohnung wegen einer umfassenden Sanierung des Vermieters mehrere Monate nicht genutzt werden kann.

»Unerhebliche Störungen« berechtigen dich nicht zur fristlosen Kündigung. Das ist der Fall, wenn die Störung nur von kurzer zeitlicher Dauer oder von untergeordneter Bedeutung ist (z.B. wenn dir nur ein kleiner Raum vorenthalten wird oder sich die Überlassung der Mietsache nur um eine kurze Zeit verzögert). Die fristlose Kündigung ist auch dann ausgeschlossen, wenn die Nichtgewährung des Gebrauchs auf einem Mangel beruht, den du selbst zu vertreten hat (z.B. Nichtbenutzbarkeit der Wohnung wegen eines von dir verursachten Brandes).

! Vor der fristlosen Kündigung wegen Nichtgewährens oder Entziehung des Gebrauchs musst du dem Vermieter die Möglichkeit geben, die Mängel zu beseitigen.

Eine Gesundheitsgefährdung liegt zum Beispiel vor, wenn

- sich in der Wohnung übermäßig Feuchtigkeit und Schimmel bilden,
- in erheblichem Umfang Mäuse und Ungeziefer auftreten,
- ständig Ölgeruch und Öldämpfe vom Heizungskeller wahrzunehmen sind,
- andauernd üble Gerüche, Rauchgase oder Lärm auftreten,
- die Wohnung baufällig oder einsturzgefährdet ist.

Die Beeinträchtigung muss dauernd sein: Nur vorübergehende oder kurzfristige Störungen reichen nicht aus. Das gilt vor allem dann, wenn der Vermieter zur Abhilfe bereit ist.

Die Gesundheitsbeeinträchtigung muss außerdem erheblich sein. Das ist nicht der Fall, wenn sich die Beeinträchtigung sofort beheben lässt oder wenn der Vermieter bereits konkrete Maßnahmen für deren Behebung eingeleitet oder umsetzbare Vorschläge für ihre Behebung unterbreitet hat.

! Dass ein die fristlose Kündigung rechtfertigender Grund wegen Gesundheitsgefährdung vorliegt, muss im Streitfall der Mieter beweisen – also du.

Außerdem musst du auch hier vor der fristlosen Kündigung dem Vermieter die Möglichkeit geben, die Mängel zu beseitigen.

Du kannst den Mietvertrag auch dann fristlos kündigen, wenn ein »sonstiger wichtiger Grund« vorliegt. Das ist der Fall, wenn das Vertrauensverhältnis zwischen dir und deinem Vermieter so sehr erschüttert ist, dass eine vernünftige Zusammenarbeit nicht mehr erwartet werden kann.

Also zum Beispiel wenn

- der Vermieter dich bei der Abrechnung der Nebenkosten betrügt,
- der Vermieter unberechtigt Wohnungsschlüssel einbehält und sich damit Zutritt zur Wohnung schafft,
- du permanent belästigt wirst (z.B. durch Strafanzeigen, Klingeln oder Klopfen an der Tür),
- du bei den Vertragsverhandlungen vom Vermieter arglistig getäuscht wurdest.

3 Auto

!

Worum es jetzt gleich geht:

- Ein Auto kannst du auch online **an- oder ummelden.**
- **Health-Check** beim Auto: Inspektion, Hauptuntersuchung und Abgasuntersuchung.
- Um diese **Steuern und Versicherungen** kommst du nicht herum.
- So reagierst du bei einem **Unfall** richtig.

3.1 Anmeldung

Endlich ein eigenes Auto! Jetzt braucht es nur noch ein Nummernschild. Aber wie geht das eigentlich: Ein Auto zulassen?

3.1.1 So meldest du einen Neuwagen an

Die Anmeldung eines Autos erfolgt in fünf Schritten:

- Du gehst mit Deinen Papieren zur Zulassungsstelle, wo sie geprüft werden.
- Du bekommst ein Kennzeichen zugeteilt bzw. dein Wunschkennzeichen.
- Du bezahlst du Zulassungsgebühr und denkst daran, die Quittung mitzunehmen, da du sie beim letzten Schritt noch einmal vorlegen musst!
- Du besorgst dir in einem der Schilder-Shops in der Nähe der Zulassungsstelle deine Nummernschilder.
- Du gehst mit den Schildern zurück an den Schalter und holst dir deine Papiere ab.

Da stellt sich natürlich gleich am Anfang die Frage: Welche Papiere brauchst du, um ein Auto anzumelden?

Bei einem Neuwagen sind das:

- Personalausweis,
- Zulassungsbescheinigung Teil II (Fahrzeugbrief),
- elektronische Versicherungsbestätigung (eVB), mit der nachgewiesen wird, dass du eine Haftpflichtversicherung abgeschlossen hast,
- wenn du das Auto im Ausland gekauft hast: COC-Papiere (Certificate of Conformity bzw. auf Deutsch: Konformitätsbescheinigung), Datenbestätigung des Herstellers, »TÜV-Gutachten nach § 21 StVO« (das ist ein Betriebserlaubnisgutachten) und eine Bescheinigung über die Abgasuntersuchung,
- Abbuchungsermächtigung für die Kfz-Steuer, also das SEPA-Lastschriftmandat – ein Muster dafür kannst du dir auf der Internetseite der Zulassungsstelle herunterladen.

3.1.2 So meldest du einen Gebrauchtwagen an

Wenn du ein gebrauchtes Fahrzeug gekauft hast, brauchst du für die Anmeldung die gleichen Unterlagen wie für die Anmeldung eines Neuwagens – und noch ein paar mehr, nämlich:

- Zulassungsbescheinigung Teil 1 (Fahrzeugschein),
- bei einem abgemeldeten Fahrzeug: Abmelde- oder Stilllegungsbescheinigung,
- bei Fahrzeugen, die älter sind als drei Jahre: Nachweis über die Hauptuntersuchung (TÜV/HU) und Abgasuntersuchung (AU),
- wenn du das Auto im Ausland gekauft hast: COC-Papiere (Certificate of Conformity bzw. auf Deutsch: Konformitätsbescheinigung), Datenbestätigung des Herstellers, »TÜV-Gutachten nach § 21 StVO« (das ist ein Betriebserlaubnisgutachten) und eine Bescheinigung über die Abgasuntersuchung,
- unterschriebene Einzugsermächtigung für die Kraftfahrzeugsteuer (SEPA-Lastschriftmandat – ein Muster dafür kannst du dir auf der Internetseite der Zulassungsstelle herunterladen).

Die Papiere bekommst du beim Kauf des Autos.

Je nachdem, wie alt das Auto ist, das du gekauft hast, bekommst du nicht die »Zulassungsbescheinigung Teil I und II«, sondern Fahrzeugschein und Fahrzeugbrief. So hießen diese Unterlagen bis vor einigen Jahren. Die Zulassungsstelle wird Fahrzeugschein und Fahrzeugbrief dann in die Zulassungsbescheinigungen umtauschen.

! Wenn du ein Auto mit abgelaufenem TÜV gekauft hast, kannst du es erst anmelden, wenn du eine Hauptuntersuchung (HU) hast durchführen lassen! TÜV und HU sind übrigens das Gleiche: Früher sagte man TÜV, heute heißt es HU.

3.1.3 Umgezogen? So meldest du dein Auto um

Wenn du umziehst, musst du auch dein Auto ummelden – selbst dann, wenn du innerhalb einer Stadt oder Gemeinde umziehst.

Die Ummeldung solltest du möglichst bald nach deinem Umzug angehen. Du musst nicht unbedingt selbst zur Zulassungsstelle gehen, sondern kannst einen Bevollmächtigten schicken. Welche Unterlagen dieser braucht und wie du eine Vollmacht formulierst, erklären wir im Kapitel »So macht ein anderer die Anmeldung für dich«.

Diese Unterlagen brauchst du für die Ummeldung Deines Autos:

- eVB-Nummer (elektronische Versicherungsbestätigungsnummer), mit der nachgewiesen wird, dass du eine Haftpflichtversicherung abgeschlossen hast,
- Zulassungsbescheinigung Teil I (Fahrzeugschein),
- Zulassungsbescheinigung Teil II (Fahrzeugbrief),
- Nachweis über Hauptuntersuchung (HU/TÜV) und Abgasuntersuchung (AU),
- gültiger Personalausweis,
- ggf. Bestätigung des Wunschkennzeichens und
- deine bisherigen Nummernschilder.

! Fahr nicht mit abgeschraubten Nummernschildern zur Zulassungsstelle, das könnte Ärger mit der Polizei geben... Schraube die Schilder erst vor der Zulassungsbehörde ab.

Die Ummeldung kostet ungefähr 50 Euro, neue Kennzeichen ungefähr 35 Euro und für ein Wunschkennzeichen kommen ggf. noch einmal ca. 10 Euro dazu.

Neue Kennzeichen brauchst du übrigens bei einem Umzug nicht mehr unbedingt: Seit 2015 dürfen die bisherigen Kennzeichen behalten werden. Ummelden musst du dein Auto aber trotzdem.

3.1.4 Kann man ein Auto online anmelden?

Ja, das geht! Sowohl Neuzulassungen als auch Umschreibungen sowie alle Varianten der Wiederzulassung können online erledigt werden.

Bei einer Neuzulassung funktioniert das so:

- Gehe auf das Online-Portal der zuständigen Zulassungsbehörde.
- Weise deine Identität mit dem elektronischen Personalausweis (nPA) oder elektronischen Aufenthaltstitel (eAT) mit aktivierter Online-Ausweisfunktion nach.
- Lege die Markierung der Zulassungsbescheinigung Teil II frei.
- Fülle die Antragsmaske des Portals aus.
- Bezahle die Gebühr mit dem ePayment-System, das die Zulassungsbehörde akzeptiert. Je nach zuständiger Zulassungsbehörde kann das ein anderes System sein.
- Bestätige die Eingaben und die Antragsstellung.

Der Antrag wird dann geprüft und bald darauf bekommst du per Post den Zulassungsbescheid inklusive Gebührenbescheid, die Zulassungsbescheinigung Teil I & II, die Stempelplakettenträger sowie den Plakettenträger für die Hauptuntersuchung (HU) zum Aufkleben auf das Kennzeichen.

Dann musst du nur noch den Plakettenträger auf den Kennzeichen aufbringen und schon kannst du losfahren.

Wenn du ein gebrauchtes Auto gekauft (oder vielleicht sogar geschenkt bekommen) hast und das Kennzeichen des Vorbesitzers behältst, ist es noch einfacher: Schritt eins bis sechs sind gleich – aber dann wird der Antrag in Echtzeit automatisiert geprüft und der Zulassungsbescheid wird sofort online bereitgestellt. Du musst ihn nur noch ausdrucken und kannst sofort losfahren (nimm den Ausdruck des Zulassungsbescheids aber immer mit).

Zulassungsbescheinigung Teil I & II und ein Informationsschreiben bekommst du ein paar Tage später von der Zulassungsbehörde per Post.

3.1.5 So bekommst du dein Wunschkennzeichen

Auf der Zulassungsstelle bekommst du normalerweise ein paar Kennzeichen zur Auswahl. Wenn etwas Gutes dabei ist, greif zu – die Auswahl kostet nichts.

Wenn du allerdings ein individuelles Wunschkennzeichen haben möchtest, zum Beispiel mit deinen Initialen und deinem Geburtsdatum, dann ist das wahrscheinlich nicht bei den Vorschlägen dabei, die die Mitarbeiter der Zulassungsstelle dir vorlegen. Ein solches Wunschkennzeichen kannst du gegen Geld aber trotzdem bekommen (falls es noch nicht vergeben ist, natürlich). Die Kosten sind nicht besonders hoch, meistens liegen sie um die 10 Euro, die du dann zusätzlich zu den normalen Anmeldegebühren bezahlen musst.

In manchen Bezirken kannst du dein Wunschkennzeichen online reservieren und bekommst es dann bei der Anmeldung. Wenn das in deinem Bezirk nicht geht, dann musst du bei der Zulassungsstelle dein Wunschkennzeichen sozusagen mündlich beantragen (also dem Mitarbeiter sagen, welche Buchstaben- und Zahlen-Kombination du gerne hättest).

Du zahlst dann erst die Anmeldegebühr, anschließend kaufst du das Nummernschild (neben Zulassungsstellen siedeln sich immer entsprechende Läden an) und bekommst schließlich deine Papiere.

Falls du dein Auto bei einem Autohändler bzw. in einem Autohaus gekauft hast, übernimmt dieses möglicherweise die Anmeldung einschließlich Wunschkennzeichen. Dann brauchst du gar nichts tun, außer glücklich vom Hof fahren!

3.1.6 So macht ein anderer die Anmeldung für dich

Vielleicht hast du keine Zeit, um selbst zur Zulassungsstelle zu gehen – dann kann das auch ein anderer für dich übernehmen. Dieser »andere« muss allerdings eine Vollmacht vorlegen, wenn er dein Auto anmelden möchte. Das ist ein Schreiben, das zum Beispiel so aussehen kann:

Hiermit bevollmächtige ich,

[dein Vor- und Nachname, deine Adresse],

[Vor- und Nachname, Adresse des Bevollmächtigten]

das folgende Fahrzeug auf meinen Namen zuzulassen und die Fahrzeugpapiere in Empfang zu nehmen:

[Fahrzeug-Ident-Nr]

[Marke und Modell]

[eVB-Nummer]

[bisheriges Kennzeichen]

Ich bin damit einverstanden, dass dem Bevollmächtigten alle Informationen zu etwaigen Kfz-Steuer- und Gebührenrückständen mitgeteilt werden, die einer Zulassung des Fahrzeugs entgegenstehen.

[Ort, Datum, deine Unterschrift]

Gib dem Bevollmächtigten dieses Schreiben in doppelter Ausführung mit. Denn ein Exemplar wird die Zulassungsbehörde behalten wollen und eines geht an das Hauptzollamt, das für den Einzug der Kraftfahrzeugsteuer zuständig ist.

Wichtig ist natürlich auch, dass der Bevollmächtigte alle erforderlichen Unterlagen zur Anmeldung deines Autos mitnimmt. Das sind:

- eVB-Nummer (elektronische Versicherungsbestätigungsnummer), mit der nachgewiesen wird, dass du eine Haftpflichtversicherung abgeschlossen hast,
- Zulassungsbescheinigung Teil I (Fahrzeugschein),
- Zulassungsbescheinigung Teil II (Fahrzeugbrief),
- Nachweis über Hauptuntersuchung (HU/TÜV) und Abgasuntersuchung (AU),
- gültiger Personalausweis des Kfz-Halters (also deiner!),
- gültiger Personalausweis des Bevollmächtigten,
- ggf. Bestätigung des Wunschkennzeichens,
- von dir unterschriebene Einzugsermächtigung für die Kraftfahrzeugsteuer (SEPA-Lastschriftmandat – ein Muster dafür kannst du dir auf der Internetseite der Zulassungsstelle herunterladen),
- und natürlich die oben beschriebene Vollmacht in doppelter Anfertigung.

3.2 Inspektion, AU & HU

3.2.1 Inspektion

Egal ob du einen Neuwagen oder einen Gebrauchtwagen hast, regelmäßige Inspektionen sind notwendig, um die Verkehrssicherheit deines Fahrzeugs zu gewährleisten und eventuelle Abnutzung von Verschleißteilen – wie zum Beispiel Bremsbeläge und Zündkerzen – rechtzeitig zu erkennen und diese auszutauschen.

Die meisten Autos haben mittlerweile Sensoren und Software in der Fahrzeugelektronik verbaut, die dir anzeigen, wann bestimmte Verschleißteile ausgetauscht oder gewartet werden müssen. Nichtsdestotrotz solltest du dein Auto auch zu den von den Herstellern vorgegebenen Wartungsintervallen in die Werkstatt bringen. Dort wird sich nämlich ein Gesamtüberblick über dein Auto verschafft.

! Gerade bei Neuwagen führt die regelmäßige Durchführung der vorgegebenen Service-Intervalle in den ersten Jahren nach dem Kauf dazu, dass die gesetzliche Neuwagen-Garantie und die Gewährleistung erhalten bleiben. Hier musst du jedoch nicht in die meist teurere Vertragswerkstatt gehen, sondern kannst auch eine freie Kfz-Werkstatt in Anspruch nehmen.

Bei den Inspektionen werden Teile oder auch Betriebsmittel, deren Verschleiß nicht offensichtlich ist, nach einer bestimmten Fahrleistung oder Nutzungsdauer ausgetauscht. Dazu gehören beispielsweise Bremsflüssigkeit, Motoröl oder auch das Kühlmittel. Ein Auto kann sich, je nachdem wie sehr es in Anspruch genommen wird, als sehr wartungsintensiv herausstellen. Die Wartung ist allerdings ein wesentlicher Bestandteil, um lange Freude an deinem Auto haben zu können und um durch die erforderliche »TÜV-Untersuchung« zu kommen.

3.2.2 AU & HU

So spießig es sich jetzt anhören mag, aber ein Auto bedeutet viel Verantwortung. Sobald du ein Auto dein Eigen nennen kannst, bist du nämlich als Fahrzeughalter auch dafür zuständig, dass es verkehrstauglich ist und die gesetzlichen Anforderungen erfüllt. Darunter fällt auch die »Abgas- und Hauptuntersuchung« (AU und HU), umgangssprachlich auch »TÜV-Untersuchung« genannt.

Grundsätzlich musst du die HU in einem Turnus von zwei Jahren durchführen lassen. Wenn du einen Neuwagen hast, dann steht die erste Hauptuntersuchung erst nach drei Jahren ab dem Datum der Erstzulassung an. Erst danach erfolgt der Wechsel in den Zweijahresrhythmus.

! Als Bestandteil der HU wird die AU meistens zeitgleich durchgeführt. Du kannst die AU aber auch schon vor der HU von einer dafür anerkannten Werkstatt durchführen lassen. Allerdings musst du dann darauf achten, dass die HU innerhalb eines Monats nach der AU durchgeführt wird. Um Zeit zu sparen, wird es aber sinnvoller sein, wenn du beide Untersuchungen an einem Tag machen lässt.

Die HU dürfen neben dem TÜV auch andere technische Prüfstellen und amtlich anerkannte Überwachungsorganisationen wie zum Beispiel DEKRA, GTÜ und KÜS durchführen. Beim TÜV liegen die Kosten für HU & AU zwischen 120 Euro und 135 Euro. Bei den anderen Prüfstellen musst du direkt eine Anfrage stellen, da es hier keine Auskunft über deren pauschalen Preise gibt.

Zur HU musst du die Zulassungsbescheinigung Teil I – auch bekannt als Fahrzeugschein – mitbringen. Dort wird dann von der Prüfstelle ein Vermerk zur nächsten HU eingetragen. Für die durchgeführte AU bekommst du eine gesonderte Bescheinigung, die du bis zum nächsten Termin aufbewahren solltest.

! Du kannst auch die Inspektion deines Autos mit der HU zusammenlegen und die Werkstatt damit beauftragen, sich darum zu kümmern. Unabhängig von einer Inspektion solltest du generell immer vor einer bevorstehenden HU dein Auto von einer Werkstatt durchchecken lassen. So können nämlich eventuelle Mängel, die bei einer HU zu Problemen führen könnten, direkt behoben werden und du ersparst dir einen weiteren Besuch bei der Prüfstelle. Diesen musst du innerhalb eines Monats nach Feststellung von Mängeln wahrnehmen, um die »Prüfplakette« zu bekommen.

Wann dein Auto zu einer HU muss, kannst du ganz einfach anhand der Prüfplakette, die auf dem hinteren Kennzeichen angebracht ist, ablesen, ohne in deinen Fahrzeugschein zu schauen.

In diesem Fall ist bzw. war die HU im Juni 2023 durchzuführen. Wichtig hierbei zu wissen ist, dass die HU nicht an einem bestimmten Tag durchgeführt werden muss. Du hast immer bis zum Monatsende Zeit, die HU aufzufrischen.

Die Plaketten gibt es in sechs unterschiedlichen Farben, die jahresbezogen wechseln. Das Farbschema wurde eingeführt, um die Jahre auf einen Blick unterscheiden zu können. In der Tabelle kannst du erkennen, wie sich die Farben alle sechs Jahre wiederholen.

Braun	Rosa	Grün	Orange	Blau	Gelb
2016	2017	2018	2019	2020	2021
2022	2023	2024	2025	2026	2027
2028	2029	2030	2031	2032	2033

!

Achtung: Wenn du vergessen hast, dein Auto zur HU zu bringen und die Polizei das im Rahmen einer allgemeinen Verkehrskontrolle sieht, wird – je nachdem, wie stark du im Verzug bist – ein Bußgeld festgesetzt.

Bei 2-monatiger Verspätung fällt ein Bußgeld von 15 Euro an. Ab vier Monaten erhöht es sich auf 25 Euro. Bei einem Verzug von mehr als acht Monaten sind es dann sogar 60 Euro, die fällig werden, sowie ein Punkt in Flensburg.

3.3 Steuern und Versicherung

3.3.1 Steuern

Wie du mittlerweile wahrscheinlich schon festgestellt hast, fallen für die verschiedensten Dinge Steuern an. Hierunter fällt auch das Auto. Es wird automatisch für die Kfz-Steuer bei der für dich zuständigen Zollverwaltung angemeldet, sobald du es bei der Zulassungsbehörde angemeldet hast. Daraufhin bekommst du in der Regel innerhalb von zwei Wochen nach der Zulassung einen Steuerbescheid mit der entsprechenden Zahlungsaufforderung. Der Steuerbescheid bleibt so lange gültig, bis du dein Auto abmeldest oder dir ein Änderungsbescheid zugeschickt wird. Dementsprechend ist es ratsam, wenn du ein SEPA-Lastschriftmandat erteilst, denn so musst du nicht jedes Jahr an die Überweisung denken.

Die Kfz-Steuer bemisst sich nach der Größe des Hubraums und dem CO_2-Ausstoß deines Autos. Vereinfacht gesagt: Je größer und schneller dein Auto ist, umso mehr Steuern musst du dafür auch zahlen. Falls du ein Elektroauto hast, bist du bis 2030 von der Kfz-Steuer befreit!

! Wenn du wissen möchtest, was dich dein zukünftiges Auto an Kfz-Steuer kosten wird, dann kannst du sie auf unserer Internetseite steuertipps.de unter dem Punkt *Service | Rechner | Kfz-Steuer-Rechner* ganz einfach selbst berechnen.

3.3.2 Versicherung

Kfz-Haftpflichtversicherung

Wenn du ein Auto besitzt, ist die Kfz-Haftpflichtversicherung nicht nur gesetzlich ein Muss und für die Zulassung notwendig, sie gehört auch zu den wichtigsten und sinnvollsten Versicherungen.

Wie viel du für deine Kfz-Haftpflichtversicherung zahlen musst hängt von unterschiedlichen Faktoren ab, zum Beispiel von deiner Schadenfreiheitsklasse (»SF«), deinem Wohnort, dem Fahrzeugtyp und deiner Fahrleistung. Die Schadensfreiheitsklasse ist gesetzlich geregelt und zeigt an, wie viele Jahre man unfallfrei geblieben ist. Wenn du beispielsweise in die SF 5 eingestuft wurdest, heißt das, dass du fünf Jahre lang keinen Unfall hattest. Inwiefern sich die Schadensfreiheitsklasse auf die Höhe deines Versicherungsbeitrags auswirkt, liegt jedoch im Ermessen der Versicherung.

Teil- oder Vollkaskoversicherung?

Im Gegensatz zur Kfz-Haftpflichtversicherung ist die »Teil- oder Vollkaskoversicherung« eine freiwillige Versicherung.

Aber was bringt dir eigentlich eine Teilkaskoversicherung und was ist der Unterschied zur Vollkaskoversicherung?

Die beiden Varianten unterscheiden sich nicht nur in der Höhe des Beitrags, sondern auch im Umfang des Versicherungsschutzes:

- Die Teilkaskoversicherung deckt nur Schäden an deinem Auto ab, die durch höhere Gewalt, eine fremde Person oder aufgrund eines Wildunfalls entstanden sind. Verursachst du einen Unfall (Eigenverschulden), trägt die Teilkaskoversicherung nur die Kosten für die Schäden am Fahrzeug des Geschädigten.
- Die Vollkaskoversicherung hingegen deckt nicht nur die Bestandteile der Teilkaskoversicherung ab, sondern geht darüber hinaus und übernimmt auch Schäden an deinem Auto, die durch Eigenverschulden entstanden sind. Dementsprechend ist die Vollkaskoversicherung auch die deutlich teurere Variante.

Bei einem Neuwagen solltest du die Vollkaskoversicherung aber definitiv in Anspruch nehmen, denn so ein kleiner Unfall beim Ein- oder Ausparken ist schneller passiert als man denkt und in solchen Fällen wirst du froh sein, wenn du diese Schäden nicht selbst zahlen musst.

! Egal ob du dein Auto mit einer Voll- oder einer Teilkaskoversicherung abdeckst, du hast bei beiden Varianten die Möglichkeit, Geld einzusparen. Wenn du beispielsweise die Zahlungsintervalle von monatlich auf vierteljährlich umstellst und die Höhe der Selbstbeteiligung etwas anpasst, kann das die Versicherungsbeiträge erheblich minimieren.

3.4 Unfall

So ein Autounfall ist leider unfassbar schnell passiert. In der Fahrschule lernt man zwar in der Regel, an was man so alles denken muss und dass man einen kühlen Kopf bewahren soll, aber praktisch gestaltet sich das dann doch schwieriger als gedacht.

Deshalb erklären wir dir jetzt sowohl aus der Sicht des Geschädigten als auch aus der Sicht des Unfallverursachers, was hier jeweils zu beachten ist. Eines der wichtigsten Dinge, die man hier schon vorab sagen kann und du dir immer wieder in Erinnerung rufen solltest, auch wenn es ärgerlich ist: Es ist nur Blech!

3.4.1 Du bist Geschädigter

Wenn du das Pech hast und dir jemand auf dein Auto gefahren ist, dann sind einige Dinge zu klären. Rufst du die Polizei? Lässt du den Vorfall über die Versicherung laufen oder werden der Unfallverursacher und du euch ohne Versicherung einig?

Beide Fragen sind davon abhängig, wie groß der Schaden an deinem Auto ist und ob der Unfallverursacher die Schuld auf sich nimmt oder sie komplett von sich weist. Aus eigener Erfahrung ist es aber immer besser, wenn du die Polizei hinzuziehst. Als Geschädigter bekommst du, sobald der Unfall polizeilich aufgenommen wurde, eine Kopie des Unfallberichts, den beide Parteien unterschrieben haben.

Der Bericht ist kein Muss, aber empfehlenswert. Folgende Angaben sind von dir und dem Unfallgegner gesetzlich vorgeschrieben und müssen angegeben werden:

- Name und Anschrift
- Versicherung und Versicherungsnummer
- Kennzeichen des jeweiligen Fahrzeugs

Neben den erforderlichen Daten solltest du auch vorsorglich Bilder von den Schäden an beiden Autos zur Dokumentation für die Versicherung machen, falls diese nachfragen sollte. Bevor du den Schaden in deiner Autowerkstatt beheben lassen kannst, werden dort durch einen Sachverständigen Bilder gemacht und ein Kostenvoranschlag erstellt. Versicherungen haben oft Kooperationsverträge mit Gutachtern, die in der Regel eher zugunsten der Versicherung entscheiden. Deshalb ist es von Vorteil, wenn du einen eigenen Sachverständigen beauftragst. Den Kostenvoranschlag schickt deine Autowerkstatt dann an die Versicherung des Unfallgegners, sodass alles weitere veranlasst werden kann.

Wenn mehr als nur Blech zu Schaden gekommen ist und du aufgrund des Unfalls sogar länger als sechs Wochen bei der Arbeit ausfällst, kannst du den daraus entstandenen Verdienstausfall als Anspruch gegenüber der Haftpflichtversicherung des Unfallverursachers geltend machen. Als Grundlage zur Berechnung deines Verdienstausfalls dient deine letzte Gehaltsabrechnung,

3.4.2 Du bist Unfallverursacher

Bist du am Unfall schuld, solltest du ebenfalls vorsorglich Bilder von den Schäden an beiden Autos zur Dokumentation für die Versicherung machen.

Je nachdem wie groß der Schaden ist, solltest du überlegen, ob du deine Versicherung zur Regulierung des Schadens hinzuziehst oder selbst dafür aufkommst. Denn sobald deine Vollkaskoversicherung einen Schaden übernimmt, kann es passieren, dass du in der SF zurückgestuft wirst. Wie und ab wann eine Versicherung die SF zurückstuft, liegt im Ermessen der Versicherung und ist nicht einheitlich geregelt.

!

Du hast auch die Möglichkeit, nach der Kostenbernahme der Versicherung den Schaden innerhalb einer bestimmten Frist »zurückzukaufen«. Daher kannst du deiner Versicherung die Kosten, die sie für dich übernommen hat, einfach zurücküberweisen, um so eine Rückstufung der SF und Erhöhung der Versicherungsbeiträge zu umgehen. Um besser einschätzen zu können, inwieweit sich durch die Kostenübernahme deine SF verändert und sich die Beiträge erhöhen, kannst du auch bei deiner Versicherung anfragen, ob sich ein Rückkauf lohnt.

Eine weitere Möglichkeit, nicht die Leistung der Versicherung in Anspruch zu nehmen, besteht darin, dass du und der Geschädigte euch ohne Versicherung einigen könnt. Das kann beispielsweise bei kleineren Schäden wie zum Beispiel einem beschädigten Außenspiegel, der nicht tausende von Euro kostet, sinnvoll sein.

4 Versicherungen

Worum es jetzt gleich geht:

- **Welche Versicherungen** du wirklich brauchst und welche nice-to-have sind.
- So findest du die **richtige Versicherung.**
- **Vertrag** abschließen und Prämien zahlen.
- Was du im Fall eines **Schadens** tun musst.
- So **kündigst** du eine Versicherung.

4.1 Welche Versicherungen braucht man wirklich?

Versicherungen sind richtig und wichtig. Allerdings gibt es auch Versicherungen, von denen wir dir eher abraten. Manche Versicherungen wie beispielsweise eine Wohngebäudeversicherung oder eine Rechtsschutzversicherung sind oft erst etwas später sinnvoll, denn sie können teilweise auch ein erheblicher Kostenfaktor sein.

Zu den wichtigsten Versicherungen gehören private Haftpflichtversicherung, Kfz-Haftpflichtversicherung – sofern du ein Auto besitzt –, die Berufsunfähigkeitsversicherung, Zahnzusatzversicherung, Hausratversicherung und Auslandskrankenversicherung. Die gesetzlichen Versicherungen, die im Rahmen deiner Arbeit abgerechnet werden, haben wir hier bewusst außen vor gelassen.

4.1.1 Berufsunfähigkeitsversicherung: Wichtiger, als man denkt

Natürlich hat jeder andere Ansprüche und Vorstellungen darüber, was er versichern möchte, aber es gibt auch Versicherungen, über die man sich aufgrund seines Alters oder seines Berufs eher weniger Gedanken macht. Das beste Beispiel ist die Berufsunfähigkeitsversicherung (»BU«). Viele denken, dass so eine Berufsunfähigkeitsversicherung eher etwas für unfallanfälligere Berufe ist. Egal, ob du im Büro arbeitest oder körperlich anstrengende Arbeit ausübst, eine BU ist notwendig und wichtiger als du vielleicht denkst.

Viele wissen nicht, dass die BU nicht nur bei einer Berufsunfähigkeit greift, die beruflich bedingt ist. Sie greift auch dann, wenn du zum Beispiel aufgrund eines Autounfalls deinen Beruf nicht mehr ausüben kannst. Die Berufsunfähigkeitsversicherung sorgt dafür, dass du bei einer Erwerbsunfähigkeit von mehr als 50 % – die sich auf eine unabsehbare Zeit erstreckt (mindestens sechs Monate) – monatlich eine Rente ausgezahlt bekommst. Die Höhe der auszuzahlenden Rente kannst du selbst festlegen. Hierbei ist es wichtig, dass du ungefähr 75 % deines letzten Nettoeinkommens abdeckst.

!

Es gibt zwar gesetzlich den Anspruch auf eine Erwerbsminderungsrente, allerdings hängt die Höhe der Rente von den sogenannten Entgeltpunkten (»EP«) ab, die du im Laufe deines Berufslebens »verdient« hast. Heißt, du kannst nicht festlegen, wie hoch deine monatliche Rente sein soll, die du ausgezahlt bekommst.

Den Stand Deiner Entgeltpunkte bekommst du jährlich von der deutschen Rentenversicherung im Rahmen der Renteninformation mitgeteilt. Diese bekommst du aber erst zugeschickt, wenn du das 27. Lebensjahr vollendet hast und bereits fünf Jahre beruflich tätig warst. Ab diesem Moment hast du auch erst einen Anspruch auf die Erwerbsminderungsrente. Wirst du innerhalb der ersten fünf Jahre berufsunfähig, hast du leider keinerlei Anspruch auf Auszahlung einer Erwerbsminderungsrente. In der Berufsunfähigkeitsversicherung wiederum musst du keine Wartezeiten erfüllen, um die Rente ausgezahlt zu bekommen.

Trotz der vielen Vorteile bei der Berufsunfähigkeitsversicherung ist es wichtig, dass du dir die vertraglichen Regelungen und Rahmenbedingungen des Versicherers gut durchliest, denn vom Grundsatz gibt es so gut wie immer Ausnahmen, die berücksichtigt werden müssen. Zum Beispiel gibt es die sogenannte »abstrakte Verweisung«: Wenn hierzu kein Ausschluss geregelt ist, muss dir die Versicherung keine

Rente auszahlen, solange du theoretisch in der Lage bist, auch einen anderen Beruf auszuüben.

Um im Fall der Berufsunfähigkeit optimal abgesichert zu sein, würden wir dir die Berufsunfähigkeitsversicherung als Zusatz zur gesetzlichen Erwerbsminderungsrente empfehlen. Als Berufseinsteiger sollte laut Experten eine monatliche Rente von ca. 1.000 Euro vereinbart werden. Das mag dir im ersten Moment zwar etwas wenig vorkommen, allerdings spielt bei der Berechnung deiner BU-Beiträge die Höhe der auszuzahlenden Rente eine erhebliche Rolle. Den Auszahlungsanspruch kannst du in der Zukunft auch immer noch entsprechend nach Bedarf anpassen, wenn du beruflich und gehaltstechnisch besser dastehst.

Auch wenn du verbeamtet bist, lohnt sich eine Berufsunfähigkeitsversicherung. Denn wenn du berufsunfähig wirst, hast du zwar Ansprüche auf Leistungen der Versorgungsanstalt des Bundes und der Länder (»VBL«), allerdings sind diese Leistungen an die gesetzliche Erwerbsminderungsrente angepasst und betragen genau so viel wie die Ansprüche gegenüber der gesetzlichen Rentenversicherung.

4.1.2 Private Haftpflichtversicherung: Solltest du auf jeden Fall haben

Für die private Haftpflichtversicherung gibt es zwar keine gesetzliche Verpflichtung, jedoch solltest du sie auf jeden Fall abschließen. In Deutschland haftest du nämlich gesetzlich für alle Schäden, die du einer anderen Person zufügst oder aber für Schäden an Gegenständen anderer Personen, die du verursachst – und das mit deinem privaten Vermögen in unbegrenzter Höhe!

Nehmen wir mal an, du bist zu Besuch bei deiner Freundin und dir fällt beim Betrachten das neue Handy runter und es geht kaputt. Dieses Beispiel gehört zu den Fällen, die eine private Haftpflichtversicherung abdeckt. Die Versicherung deckt nur Schäden ab, die »grob fahrlässig« oder »versehentlich« entstanden sind, nicht jedoch Schäden, die mit voller Absicht verursacht wurden.

4.1.3 Zahnzusatzversicherung, Hausratversicherung und Rechtsschutzversicherung: nice to have, aber nicht so wichtig

Zahnzusatz-, Hausrat- und Rechtsschutzversicherung sind eher Versicherungen von untergeordneter Bedeutung. Nichtsdestotrotz möchten wir sie noch erwähnt haben.

Eine Zahnzusatzversicherung wird bei einigen erst im Alter notwendig, aber vielleicht gab es in deiner Familie auch bei jüngeren Menschen in der Vergangenheit schon Probleme, für die eine Zahnzusatzversicherung sinnvoll gewesen wäre. So eine Zahnzusatzversicherung übernimmt nicht nur Kosten für Zahnersatz, sondern auch die Kosten der Zahnprophylaxe, die man vorsorglich jedes Jahr über sich ergehen lassen muss. Von der gesetzlichen Krankenkasse gibt es ein Bonusheft, in dem für jede durchgeführte Vorsorgeuntersuchung ein Stempel gesammelt wird. Dieses Bonusheft dient dazu, dass du, sobald du Zahnersatz benötigst, einen höheren Zuschuss von der Krankenkasse bekommst.

Eine Hausratversicherung abzuschließen, ist meistens erst dann sinnvoll, wenn du deine eigenen vier Wände hast. Dabei ist es egal, ob es eine Eigentumswohnung oder eine Wohnung zur Miete ist. Worauf es ankommt, ist der Inhalt und ob du den Verlust dieser Dinge ausgleichen kannst und willst. So eine Hausratversicherung deckt nicht nur Schäden durch Feuer, Wasser und Sturm ab, sondern auch Diebstahl. Da es sich hierbei um eine eher untergeordnete Versicherung handelt, würden wir dir empfehlen, diese erst abzuschließen, wenn du alle anderen, wichtigeren Dinge versichert hast.

Die Rechtsschutzversicherung trägt Kosten, die bei einer rechtlichen Auseinandersetzung anfallen. Eine der mit Abstand bekanntesten ist die Berufsrechtsschutzversicherung. Sie springt für dich ein, wenn du zum Beispiel ungerechtfertigt abgemahnt wurdest oder eine Kündigung erhalten hast, die rechtsunwirksam ist und du entsprechende Rechtsberatung benötigst.

Wichtig zu wissen ist, dass du mit der Rechtsschutzversicherung nicht alle Rechtsgebiete abdecken kannst. Neben dem beruflichen Bereich kannst du eine Rechtsschutzversicherung im privaten Bereich, in der Sparte Verkehr sowie Eigentum und Mietrecht abschließen. Bei der Rechtsschutzversicherung gilt dasselbe wie bei der Hausratversicherung: Nice to have, aber sie gehört nicht zu den ersten Versicherungen, die du abschließen solltest.

4.1.4 Auslandskrankenversicherung: Gehört unbedingt ins Reisegepäck

Die Welt bereisen und verschiedene Länder und Kulturen sehen. Vielleicht ist das ein Vorhaben, das du für deinen ersten großen Urlaub planst. Vergiss bei deiner Planung nicht, dass du für deinen Urlaub eine Auslandskrankenversicherung benötigst, denn die gesetzliche Krankenkasse greift im Ausland nur eingeschränkt und übernimmt nicht alle anfallende Kosten, die in einem Krankheitsfall auf dich zu kommen könnten.

Wenn deine Eltern eine Auslandskrankenversicherung abgeschlossen haben, kann es durchaus sein, dass du noch zusammen mit deinen Eltern versichert bist. Meistens geht der Versicherungsschutz bis zum 18. Lebensjahr, in ganz seltenen Fällen endet der Versicherungsschutz erst zwischen dem 21. und dem 23. Lebensjahr.

! Falls du eine Kreditkarte besitzt, kann es sein, dass du durch diese bereits kostenfrei in einer Auslandskrankenversicherung versichert bist. Denn die meisten Kreditkartenanbieter haben das bei ihren Angeboten inkludiert. Einige bieten neben der Auslandskrankenversicherung auch noch eine Reiserücktrittsversicherung sowie eine Mietwagenversicherung an. Somit sparst du dir nochmal richtig viel Geld! Natürlich solltest du auch hier noch einmal die vertraglichen Details checken und schauen, ob du über deine Kreditkarte bereits versichert bist.

4.2 Versicherung finden: Berater, online suchen, seriöse Anbieter identifizieren

Es gibt sehr viele Versicherungsgesellschaften und da den Überblick zu bewahren, ist alles andere als einfach. Zu den bekanntesten gehören die Debeka-Gruppe, Allianz, Ergo, HUK-Coburg und Signal-Iduna. Um vergleichen zu können, welche Versicherung die besten Konditionen hat und wie zufrieden die Kunden sind, gibt es Online-Vergleichsportale, bei denen du deine Vertragsmodalitäten hinterlegen kannst. Dir wird dann vorab der voraussichtliche Beitrag errechnet und die auf deine Bedürfnisse zugeschnittene Versicherung vorgeschlagen.

Hier eine kleine Auswahl an Vergleichsportalen:

- Check24
- Verivox oder auch
- transparent-beraten.de

Bei den Vergleichsportalen solltest du jedoch beachten, dass sie nicht komplett unabhängig sind. Vergleichsportale kann man mit Versicherungsmaklern gleichsetzen, denn sie finanzieren sich durch Vermittlungsprovisionen, die sie von den Versicherungen gezahlt bekommen. Mittlerweile müssen die Vergleichsportale kenntlich machen, von welchen Versicherungen sie Provisionen erhalten und welche Versicherungen beim Vergleich nicht mit aufgelistet sind.

Alternativ kannst du aber auch einen Versicherungsberater beauftragen. Dieser wird nicht wie ein Versicherungsvertreter oder wie ein Versicherungsmakler von den Versicherungen bezahlt, sondern stellt dir sein Beratungshonorar in Rechnung. Das ist die teuerste Variante, sich eine passende Versicherung auszusuchen, allerdings auch die unabhängigste und neutralste. Vertraust du Deinen Recherchekünsten und hast eventuell Erfahrungsberichte aus deiner Familie oder deinem Bekanntenkreis, dann kannst du dir das Geld für einen Berater sparen.

! Du solltest dir immer vor Augen führen und dich fragen, ob denn die Versicherungen, die dir ein Versicherungsmakler präsentiert, wirklich notwendig sind.

4.3 Vertrag abschließen und Prämien zahlen

Hast du einen guten Versicherer gefunden, dessen Konditionen dich überzeugt haben, kommt es zum Vertragsabschluss. Mittlerweile kannst du das auch online über das Vergleichsportal oder aber bei der Versicherung direkt abwickeln.

! Jeder Mensch ist anders, deshalb musst du für dich entscheiden, welchen Weg du nimmst: Online oder über persönlichen Kontakt. Meist ist eine persönliche Beratung jedoch die bessere Entscheidung, da du dann deine persönlichen Fragen klären kannst. Das ist online meist nicht oder nur begrenzt möglich.

Wie auch schon bei der Kfz-Versicherung erwähnt, ist es günstiger, wenn du das Zahlungsintervall auf quartalsweise, halbjährlich oder – wenn es nicht allzu hohe Prämien sind – auf jährlich stellst. Das kannst du dir aber von deinem Versicherungsmakler, Versicherungsvertreter oder aber auch Versicherungsberater vorrechnen lassen. Jährliche Prämienzahlungen sind meist ein großer Batzen an Geld, den man auf einen Schlag aufbringen muss – und ob man das leisten kann und will, ist die andere Frage.

Die Beitragshöhe kannst du nicht nur durch die Umstellung deiner Zahlungsweise beeinflussen, sondern auch durch viele andere Faktoren wie zum Beispiel durch die Vertragsdauer und die Höhe der Selbstbeteiligung.

Bei der Berufsunfähigkeitsversicherung oder Zusatzkrankenversicherungen bekommst du Fragen gestellt, wie bei einem »Anamnesebogen« beim Arzt. Diese Gesundheitsfragen dienen der Versicherung dazu, dich einzustufen, inwieweit du ein »Risiko« darstellst. Kurz gesagt: Ein gesunder Mensch zahlt weniger Beiträge als ein Mensch mit einer Krankheitsvorgeschichte.

4.4 Schadensmeldung

Bei der Schadensmeldung gibt es bestimmte Informationen, die du – je nachdem, welche Versicherung du in Anspruch nehmen musst – im Schadensfall an deine Versicherung weitergeben solltest.

Dazu gehören:

- Name und vollständige Anschrift des Geschädigten und des Schadensverursachers
- Telefonnummer und E-Mailadresse
- Versicherungsnummer
- Auflistung der zu ersetzenden Gegenstände bzw. der in Anspruch zu nehmenden Leistungen
- Nachweise in Form von Fotos oder Videos
- Rechnungen der zu ersetzenden Gegenstände, falls du diese aufgehoben hast

Zu den oben aufgeführten Informationen solltest du auch noch eine Art »Schadensbericht« schreiben. Hierbei ist es sinnvoll, wenn du die Schadensart kurz und genau beschreibst, den Schadenshergang erläuterst und den Zeitpunkt des Schadens mit aufnimmst.

! Wichtig: Bei den Versicherungen gibt es bestimmte Zeitfenster, in denen du den Schaden melden musst. Wie lange du im Einzelnen Zeit hast, um den Schaden zu melden, kannst du in den jeweiligen Vertragsunterlagen nachlesen. Wenn du mit der Meldung zu lange wartest, kann dir deine Versicherung die Schadenregulierung verweigern! Deshalb solltest du Deiner Versicherung direkt den Schaden melden, denn so bekommst du ihn auch schneller erstattet bzw. abgewickelt.

Falls du mal Probleme bei der Regulierung des Schadens haben solltest, kannst du dich an die Deutsche Schadenshilfe (»DSH«) wenden. Die DSH ist ein Unternehmen, das aus Fachanwälten für Versicherungsrecht, Sachverständigen und Sanierungsunternehmen besteht.

Sie kümmert sich u.a. um Versicherungsfälle im Bereich der Berufsunfähigkeit. Dort kannst du dich zunächst kostenfrei von einem unabhängigen Schadensberater beraten lassen. Für die finale Abwicklung wird dir dann aber eine Rechnung gestellt.

Die DSH kannst du unter folgenden Kontaktdaten erreichen:

info@deutsche-schadenshilfe.de

030 95 999 37 30

Mo-Fr: 08:00–18:00 Uhr

4.5 Versicherung kündigen

Bist du mit deiner Versicherung nicht mehr zufrieden oder hast du eine Versicherung mit besseren Konditionen gefunden und möchtest wechseln, dann musst du deine bestehende Versicherung kündigen.

Gesetzlich gilt bei den Versicherungen eine Kündigungsfrist von mindestens einem und maximal drei Monaten zum Ende des Versicherungsjahres.

Wenn du beispielsweise eine Privathaftpflicht zum 1.1. abgeschlossen hast, musst du sie spätestens am 30.9. kündigen, sodass das Versicherungsverhältnis zum Jahresende beendet wird. Wichtig ist, dass du das Kündigungsschreiben rechtzeitig verschickst, denn sonst musst du, wenn es blöd läuft, noch ein weiteres Jahr in der Versicherung bleiben. Eine Kündigung gilt erst, wenn sie bei der Versicherung eingegangen ist!

Kündigen kannst du per Brief, Fax oder per Mail. Mittlerweile bieten die Versicherungsunternehmen die Kündigungsoption auch auf ihrer Webseite an.

! Wichtig: Nicht nur du kannst Deiner Versicherung kündigen, sondern deine Versicherung kann auch den Vertrag mit dir kündigen. Das kann dann der Fall sein, wenn die Versicherung merkt, dass du ihr beim Abschluss des Vertrages bspw. etwas versicherungsrelevantes – etwa die Krankheitsvorgeschichte im Rahmen der Berufsunfähigkeitsversicherung – verschwiegen hast.

Bei der Kfz-Versicherung gilt eine einmonatige Kündigungsfrist zum Ende des Versicherungsjahres. Du kannst sie allerdings erst kündigen, wenn du eine Folgeversicherung hast.

5 Geld

Worum es jetzt gleich geht:

- So hilft dir ein **Haushaltsbuch** beim Sparen.
- So eröffnest du ein **Girokonto.**
- So findest du die richtige **Kreditkarte.**
- Warum das **Bezahlen mit dem Smartphone** besonders praktisch ist.
- Wie viel **Geld** du zur Seite legen solltest und wie.
- Wie du mit **Aktien und ETF** ein kleines oder größeres Vermögen aufbauen kannst.
- Der Unterschied zwischen **Tagesgeld und Festgeld** und was wann sinnvoll ist.
- Sinn und Unsinn bei der Anlage in **Gold.**
- So legst du **nachhaltig und umweltbewusst** Geld an.
- Lass dich nicht unbedacht vom **Krypto-Boom** mitreißen.

5.1 Haushaltsbuch: Spießig, aber sinnvoll

Dass man ein Haushaltsbuch führen sollte, wurde dir bestimmt des Öfteren schon gesagt. In den meisten Fällen will man aber von solchen organisatorischen Dingen nichts hören, denn man bekommt das nach eigener Ansicht »schon ziemlich gut allein hin«.

Ein Haushaltsbuch ist dazu da, um sich einen Überblick über seine gesamten Einnahmen und Ausgaben, die so monatlich anfallen, machen zu können. Das mag vielleicht im ersten Moment sehr aufwendig erscheinen, aber im zweiten merkt man, dass es nur den Anschein macht. Mit so einem Haushaltsbuch findet man eventuell auch Ausgaben, an die man nicht mehr gedacht hat. Denn wenn wir mal ehrlich sind, bei der Vielzahl an Abos, die man allein für die verschiedenen Streamingdienste abgeschlossen hat, verliert man doch schon mal schnell den Überblick.

Hierfür solltest du dir zunächst deine Kontoauszüge aus den letzten drei Monaten sowie vertragliche Unterlagen bereithalten. Schreibe dir nun alle fixen Einnahmen raus und rechne deine Ausgaben dagegen. Bei den Einnahmen dürfen keine Einmalzahlungen enthalten sein, sondern wirklich nur die, die du jeden Monat fest erhältst. Jährliche Kosten, wie zum Beispiel Versicherungsbeiträge, rechnest du auf einen Monat um und berücksichtigst sie ebenfalls bei den festen Ausgaben. So kannst du dir für die jährlichen Kosten eine Rücklage bilden.

Um dir einen Rahmen für flexible Kosten – wie zum Beispiel Essen, Trinken und Kleidung – zu setzen, nimmst du am besten das Ergebnis der Einnahmen abzüglich der festen Ausgaben und teilst diesen Betrag durch vier. So lässt sich ermitteln, wie viel du maximal pro Woche noch zusätzlich ausgeben kannst. Wenn du etwas genauer nachvollziehen willst, wie viel du wirklich an flexiblen Kosten hast, sammle all deine Belege und rechne diese wöchentlich zusammen. So kannst du nachvollziehen, inwieweit und ob deine Ausgaben unter dem wöchentlichen Maximalbetrag liegen und wo gegebenenfalls Sparpotenzial vorhanden ist.

Das Haushaltsbuch kannst du als Excel-Liste führen, ganz klassisch handschriftlich auf einem Blatt Papier erstellen oder du kaufst dir ein Haushaltsbuch und trägst dort alles ein. Alternativ gibt es aber auch noch die Möglichkeit, das Haushaltsbuch in einer App zu führen.

Nachfolgend haben wir dir mal drei kostenlose Apps aufgelistet:

- Finanzguru
- Mein Budget
- Ausgaben Manager – Tracker

Bei der App Finanzguru ist noch zu erwähnen, dass es auch eine Bezahlversion gibt. In der kostenlosen Version sind entsprechend nicht alle Features freigeschaltet. Apps und Excel-Tabellen haben den Vorteil, dass man bestimmte wiederkehrende Einnahmen und Ausgaben nicht jedes Mal neu eintragen muss, sondern fortschreiben kann.

So ein Haushaltsbuch kann sich beispielsweise auch für deine Urlaubsplanung lohnen. Denn damit kannst du überlegen, wie viel Geld du für deinen Urlaub zur Seite legen kannst.

Um ein aussagekräftiges Ergebnis aus dem Haushaltsbuch zu bekommen, solltest du es mindestens drei Monate lang führen.

5.2 Girokonto

5.2.1 Girokonto eröffnen

Ein Girokonto brauchst du als Lohn- oder Gehaltskonto: Hierauf überweist dir dein Arbeitgeber deinen Lohn oder dein Gehalt. Außerdem kannst du mit einem Girokonto zahlreiche Bankgeschäfte erledigen, zum Beispiel:

- Bargeldlos bezahlen mit der Girocard (Maestrocard oder früher ec-Karte),
- Rechnungen überweisen,
- Daueraufträge einrichten,
- per Lastschriftverfahren bezahlen,
- Bargeld abheben am Geldautomaten oder in der Filiale.

Wenn du eine Kreditkarte oder ein Wertpapierdepot hast, dient das Girokonto als sogenanntes »Referenzkonto«, über das die Abrechnung läuft.

Für die Geldanlage ist das Girokonto nicht geeignet, da es dort normalerweise keine Zinsen gibt. Hier sind Tagesgeld, Festgeld oder Wertpapiere die bessere Wahl.

Bei fast allen Banken musst du eine Kontoführungsgebühr bezahlen, meistens zwischen zwei und zehn Euro pro Monat. Manche Banken haben auch Sonderkonditionen für junge Leute, bei einigen Banken fallen gar keine Kontoführungsgebühren an. Erkundige dich vor der Kontoeröffnung nach den Gebühren und überlege, ob der eventuelle Mehrwert, den die Bank dir bietet, dieses Geld wirklich wert ist.

Um ein Girokonto zu eröffnen, füllst du entweder in einer Bankfiliale oder online den Eröffnungsantrag aus.

Bei der Bank gehen die Bank-Mitarbeiter die Unterlagen mit dir durch, verifizieren deine Identität (nimm also deinen Personalausweis mit!) und geben dir den Vertrag gleich mit.

Bei einem Girokonto bei einer Online-Bank füllst du auf der Webseite der Bank den Eröffnungsantrag aus. Die Identitätsfeststellung läuft entweder über ein VideoIdent-Verfahren, bei dem du mit einem speziellen Callcenter verbunden wirst und dem Mitarbeiter dort deinen Personalausweis über die Kamera an deinem Rechner oder Smartphone zeigst. Du musst den Personalausweis ein paar Mal drehen und kippen, damit der Mitarbeiter alle Sicherheitsmerkmale sehen kann – aber man sagt dir dann schon, was du wann zu tun hast! Achte dabei auf ausreichend Licht, sonst ist die Kamera überfordert ...

Alternativ kann man die Identität auch bei der Post bestätigen lassen. Dafür druckst du den Eröffnungsantrag inklusive PostIdent-Coupon aus und unterschreibst beides. Mit diesen Unterlagen, einem Briefumschlag und deinem Personalausweis gehst du in eine Postfiliale deiner Wahl. Der Postmitarbeiter prüft deinen Ausweis und schickt deine Eröffnungsunterlagen direkt an die Bank, bei der du dein Konto eröffnen möchtest. Du bekommst die Unterlagen nach der PostIdent-Überprüfung nicht noch einmal in die Hand – darum ist es wichtig, dass du einen (am besten schon beschrifteten) Briefumschlag mitnimmst.

Je nachdem, wie viel Geld monatlich auf dein Konto eingeht, richtet dir die Bank nach der Kontoeröffnung (bzw. meistens erst drei Monate später) einen Dispositionskredit ein. Bis zu diesem Betrag darfst du dein Konto überziehen. Ein »Dispo« kann praktisch sein, ist aber auch teuer – denn für die Überziehung musst du Zinsen bezahlen. Dazu erklären wir gleich mehr.

5.2.2 Girocard

Die Girocard ist in Deutschland weit verbreitet, fast jeder hat eine. Du bekommst sie automatisch, wenn du ein Girokonto eröffnest. Die Girocard wird gerne benutzt, um im Einzelhandel bargeldlos zu bezahlen und um Geld am Automaten abzuheben. Früher hieß sie »EC-Karte«, umgangssprachlich wird sie heute noch oft so genannt.

Eine reine Girocard kann nur in Deutschland benutzt werden. Außerhalb von Deutschland ist das Bezahlen nur möglich, wenn auf der Karte auch das Symbol von Maestro (Mastercard) und/oder V Pay (Visa) abgebildet ist.

Aber auch dieses sogenannte »Co-Badging« wird schon wieder abgeschafft: MasterCard und Visa stellen die Zusammenarbeit mit der Girocard nach und nach ein. Das hat zur Folge, dass die Girocard wieder ein rein deutsches Verfahren wird und nicht mehr im Ausland eingesetzt werden kann.

Fürs Bezahlen im Ausland lohnt sich eigentlich immer eine Kreditkarte. Mit der kann man zum Teil auch kostenlos im Ausland am Geldautomaten Bargeld abheben.

5.2.3 Dispokredit

Dein Girokonto darfst du bis zu einem bestimmten Betrag überziehen: Das ist der Dispokredit. Wie viel du ins Minus rutschen darfst, hängt von deiner »Kreditwürdigkeit« ab und diese wiederum unter anderem von deinen regelmäßigen Einnahmen, vor allem vom Gehalt.

Ein Dispo klingt praktisch, birgt aber die Gefahr, dass man zu oft mehr Geld ausgibt als man eigentlich hat! Denn für die Überziehung musst du Zinsen bezahlen – auch dann, wenn sich die Überziehung im Rahmen deines »Dispo« bewegt und du ihn nicht überziehst (das wird dann noch teurer bzw. oft gar nicht geduldet. Aus dem Geldautomaten kommt dann einfach nichts mehr).

Die Zinsen für den Dispokredit sind variabel, sie können sich also jederzeit ändern. Und so ist der Dispo auch die teuerste Möglichkeit, sich Geld zu leihen. Informiere dich also über die Höhe der Zinsen und nutze den Dispo nur für die kurzfristige Überbrückung von finanziellen Engpässen. So kannst du unangenehme Überraschungen vermeiden. Falls du längerfristig mehr Geld brauchst, ist ein Ratenkredit die bessere und günstigere Wahl.

Einen Anspruch auf die Einrichtung eines »Dispo« hast du übrigens nicht. Aber eigentlich bekommt man ihn als Berufstätiger fast immer, denn mit den Dispozinsen verdienen die Banken Geld.

5.3 Kreditkarte

5.3.1 Kredit-, Prepaid- und virtuelle Karten

Kreditkarten gibt es von Banken und Sparkassen, Versicherungen, Verbänden und Vereinen, Fluggesellschaften, Reiseveranstaltern und Autoherstellern. Fast alle tragen das Logo einer der großen Kreditkartengesellschaften: Visa, Mastercard, American Express und Diners Club. In Deutschland sind Visa und Mastercard am weitesten verbreitet.

Manchmal sind Kreditkarten kostenlos, manche Banken verlangen eine Jahresgebühr. Diese wird dann oft erstattet, wenn mit der Kreditkarte ein bestimmter Mindestumsatz erreicht wurde. Erkundige dich vor dem Vertragsabschluss, ob dein präferierter Anbieter Gebühren verlangt und in welcher Höhe – und überlege, ob der eventuelle Mehrwert, den der Anbieter dir bietet, dieses Geld wirklich wert ist.

Wenn du mit der Kreditkarte in Deutschland bezahlst, fällt dafür für dich keine (zusätzliche) Gebühr an. Im Ausland, vor allem außerhalb von Europa, wird oft ein Prozent des mit der Kreditkarte bezahlten Betrags zusätzlich als »Auslandseinsatzentgelt« berechnet.

Voraussetzung dafür, dass du überhaupt eine Kreditkarte erhältst, ist eine ausreichende »Bonität«, die häufig in Form regelmäßiger Zahlungseingänge nachgewiesen werden muss. Anders ausgedrückt: Die ausgebende Stelle will sicher sein, dass du genug Geld hast, um deine Kreditkartenrechnung hinterher auch zu bezahlen.

Eine Ausnahme davon bilden Prepaidkarten – für sie ist keine positive Bonität erforderlich, da du ohnehin nur so viel Geld ausgeben kannst, wie du zuvor auf die Karte eingezahlt hast. Die Aufladung kann zum Beispiel per PayPal, Sofortüberweisung, Lastschrift, Überweisung vom Girokonto oder per Handy geschehen.

In den meisten Fällen bekommt man auch bei Prepaidkarten eine Plastikkarte – virtuelle Kreditkarten werden aber immer beliebter. Anstelle der Plastikkarte erhältst du bei einer virtuellen Kreditkarte nur eine Kreditkartennummer und einen PIN-Code.

5.3.2 Die richtige Kreditkarte finden

Die Karten der vier großen Kreditkartengesellschaften werden von vielen Banken, Händlern und anderen Unternehmen angeboten. Um eine gute Auswahl zu treffen, musst du Wesentliches und Unwesentliches voneinander trennen. Welche Kreditkarte ist für dich die richtige? Welcher Anbieter verspricht den besten Service, die niedrigsten Gebühren und die attraktivsten Zusatzangebote? Folgende Kriterien solltest du in deine Überlegungen einbeziehen:

- Zugang zur Kreditkarte: Je bequemer du an die Kreditkarte herankommst, desto besser. Meist wird schon die Hausbank ein passendes Angebot bereithalten. Das ist auch von Vorteil, wenn es später Rückfragen gibt (fehlerhafte Abrechnung, Höhe des Kreditrahmens usw.).
- Akzeptanz: Eine Kreditkarte ist umso nützlicher, je mehr Händler und Dienstleister sie als Zahlungsmittel akzeptieren. Generell gilt: Die höchste Akzeptanz in Deutschland und auch weltweit haben Mastercard und Visa. Je nach Reiseland gibt es aber Unterschiede.

American Express und Diners pflegen ein exklusives Image und werden seltener akzeptiert.

- Kartengebühr: Je seltener du eine Kreditkarte nutzt, desto weniger sollte diese Karte kosten. Nicht immer ist allerdings die billigste Kreditkarte die beste. Wer oft ins Ausland reist, ist zum Beispiel mit einem Anbieter besser bedient, der eine höhere Grundgebühr verlangt, dafür aber beim Auslandsumsatz mit einer geringeren Provision zufrieden ist.
- Abrechnungsverfahren, Kredit- und Guthabenzins: Der besondere Reiz der Kreditkarte liegt für viele Nutzer darin, dass sie erst mit Verzögerung zur Kasse gebeten werden. Das, was in Deutschland allgemein als »Kreditkarte« bezeichnet wird, ist bei genauerem Hinsehen aber meist eine Debit-Karte. Das bedeutet, dass der mit der Karte bezahlte Betrag direkt nach der Bezahlung und ohne Verzögerung vom verbundenen Girokonto abgebucht wird. Einen echten Kredit im Sinne von »später bezahlen« bieten nur Charge- und Credit-Karten. Wer Kartenkredite in Anspruch nehmen möchte, sollte sich zusätzlich nach den Voraussetzungen für die Darlehensgewährung und nach den Sollzinsen erkundigen. Und wer an einer Verzinsung interessiert ist, fragt nach den Habenzinsen.
- Auslandsprovision: Wer viel im Ausland unterwegs ist, achtet auf die Höhe der Auslandsprovision beim Einsatz der Karte. Je geringer diese ausfällt, umso besser.

! Vergleichsportale im Internet wie beispielsweise Finanzscout24 oder Check24 bieten eine umfassende Kreditkartenübersicht. Dort kannst du die Konditionen von zahlreichen Anbietern kostenlos miteinander vergleichen. Geordnet nach verschiedenen Kriterien, zeigen dir die Rechner die jeweils besten Angebote. Wenn dir ein Angebot zusagt, kannst du auf der Seite gleich die gewünschte Kreditkarte online bestellen.

5.4 Bezahlen mit dem Smartphone

Mit dem Handy bezahlen ist aus mehreren Gründen praktisch: Du hast es wahrscheinlich sowieso immer dabei, du musst meistens keine PIN an möglicherweise schmutzigen Terminals eingeben und du verringerst die Möglichkeit, deine Kreditkarte oder Girocard zu verlieren.

Um mit dem Smartphone bezahlen zu können, musst du eine »Wallet« (englisch für Geldbörse) auf deinem Telefon installiert haben. Bei Apple ist die »Apple Wallet« vorinstalliert, bei Google (Android) lädst du dir im Play Store die App »Google Wallet« herunter. Für Windows-Telefone (Microsoft) gibt es leider keine Wallet mehr, mit ihnen kann man also nicht bezahlen. Einige Handy-Hersteller haben auch eigene Bezahl-Apps, zum Beispiel ist bei Samsung oft »Samsung Pay« vorinstalliert.

Wenn du die Wallet-App von Apple oder Google installiert hast, kannst du mit »Apple Pay« und »Google Pay« in vielen Geschäften, auf zahlreichen Webseiten und in Apps bezahlen. Außerdem kannst du mit den Wallets auch Bordkanten fürs Flugzeug, Konzerttickets und einiges mehr verwalten.

Hast du die Wallet installiert, hinterlegst du darin, womit du bezahlen möchtest: Kreditkarte, Debitkarte, Prepaid-Karte oder (nur bei Android) Paypal. Beim Bezahlen erhalten Apple und Google deine Bankdaten, der Händler erfährt sie nicht.

! Nicht alle Banken unterstützen Apple Pay oder Google Pay. Frage also ausdrücklich danach bzw. erkundige dich danach, bevor du eine Kreditkarte oder Debitkarte beantragst.

Um im Geschäft mit dem Smartphone zu bezahlen, aktivierst du an deinem Smartphone NFC (near field communication), denn nur so wird dein Telefon vom Bezahl-Terminal erkannt.

Entsperre dein Telefon – die Wallet App musst du nicht öffnen. Halte das Telefon dann ein paar Sekunden an das Zahlungsterminal. Wenn die Bezahlung abgeschlossen ist, wird auf dem Bildschirm ein blaues Häkchen angezeigt.

Bei niedrigen Beträgen musst du das Telefon nicht einmal entsperren. In Deutschland liegt die Grenze bei 50 Euro. Allerdings kannst du nur eine begrenzte Anzahl von Transaktionen machen, ohne dein Telefon zu entsperren – das dient deiner eigenen Sicherheit, denn wenn du dein Smartphone verlierst oder es geklaut wird, könnten andere sonst (zu)viel auf deine Kosten einkaufen!

! Noch sicherer ist es, wenn du dein Smartphone so einrichtest, dass es für NFC-Transaktionen immer entsperrt werden muss. Dafür aktivierst du bei den Einstellungen für NFC die Option »Für NFC muss das Gerät entsperrt werden.« Das macht das Bezahlen minimal unkomfortabler, aber deutlich sicherer. Die Funktion scheint es allerdings (noch) nicht bei allen Smartphones zu geben.

In wenigen Fällen wirst du die PIN eingeben oder einen Beleg bzw. auf dem Bildschirm des Bezahl-Terminals unterschreiben müssen. Halte dich dann einfach an die Anweisungen auf dem Bezahl-Terminal. Wenn du nach der PIN gefragt wirst: Gemeint ist die PIN deiner Kredit- oder Debitkarte, nicht die PIN für dein Telefon!

Wenn du auf einer Webseite oder in einer App mit Apple Pay oder Google Pay bezahlen möchtest, tippst du einfach beim Bezahlen auf die entsprechende Schaltfläche. Wähle die Zahlungsmethode und gib ggf. deine Versandadresse ein. Dann musst du die Bestellung nur noch bestätigen – fertig.

5.5 Geld anlegen: Wie riskant darf es sein?

Mit riskanten Geldanlagen kann man viel verdienen, aber auch alles verlieren. Das sollte dir immer klar sein: Maximale Rendite und maximale Sicherheit gibt es nie als Doppelpack!

Wie riskant deine Geldanlage sein darf oder soll, hängt von verschiedenen Faktoren ab:

- dein Alter
- dein Einkommen,
- deine Lebenssituation und natürlich
- ganz allgemein deine Risikobereitschaft.

Wenn dir bei fallenden Aktienkursen der Angstschweiß ausbricht, bist du damit nicht allein: Viele Menschen scheuen das mit Aktien verbundene Kursschwankungsrisiko und setzen lieber auf sichere Anlagen wie Sparbücher, Tages- und Festgelder. Aber selbst bei langer Anlagedauer gibt es für risikoarme Kapitalanlagen so niedrige Erträge, dass damit nicht einmal die schleichende Geldentwertung durch die Inflation kompensiert werden kann.

Daher solltest du, wenn du bislang um jegliches Risiko einen großen Bogen gemacht hast, deine Anlagestrategie neu überdenken. Es geht dabei nicht darum, einfach in der Hoffnung auf bessere Renditen ein höheres Risiko einzugehen! Gefordert ist vielmehr der planvolle Umgang mit Renditechancen und Schwankungsrisiken: Während bei der kurz- und mittelfristigen Kapitalanlage trotz bescheidener Erträge auch weiterhin sichere Zinsanlagen im Mittelpunkt stehen, sollte bei der Langfrist-Anlage das Renditepotenzial der Aktie gezielt genutzt werden. Und als junger Mensch darfst du hier ruhig langfristig denken, oder konkret: 15 Jahre in die Zukunft und mehr.

! Viele Einzelaktien bedeuten viel Aufwand, denn du musst zahlreiche Einzelkurse im Blick behalten. Studien belegen, dass ein solches aktives Management mit Einzelwerten nur wenig zum Anlageerfolg beiträgt. Viel entscheidender für den dauerhaften Anlagerfolg ist eine breite Streuung und Gewichtung des Vermögens über verschiedene Anlageklassen hinweg, wie zum Beispiel Aktien, Fonds, Gold, Rohstoffe usw.

Wie findest du die optimale Aktienquote für dein Depot, also den Anteil von Aktieninvestments am Gesamtvermögen?

Auf der Suche nach dem optimalen Aktienanteil können verschiedene Kriterien hilfreich sein. Besonders schnell lässt sich die optimale Aktienquote mit folgender Faustformel lösen: »Aktienquote = 100 minus das eigene Lebensalter«. Nach diesem Ansatz solltest du beispielsweise mit 30 dein Geld zu 70 % in Aktien stecken, während 30 % in anderen Anlageklassen investiert sind.

Im Alter von 65 Jahren wäre das Portfolio dann nur noch zu 35 % in Aktien investiert. Risikolosere Papiere hätten in diesem Lebensabschnitt längst die Oberhand gewonnen. Die Überlegung hinter dieser Faustformel ist einfach: Wer bereits in jungen Jahren am Aktienmarkt engagiert ist, hat ausreichend Zeit, mögliche Verlustphasen auszubügeln. Insofern kann sich diese Personengruppe höhere Risiken erlauben.

Eine zentrale Rolle spielt auch das erwartete Arbeitseinkommen. In jungen Jahren kannst du noch mit einem längeren Zeitraum kalkulieren, über den du ein Gehalt bekommst. Und vermutlich wird das Gehalt mit den Jahren auch steigen. Der Zeitwert von Lohn und Gehalt ist also hoch und stellt in der individuellen Vermögensplanung eine Art Puffer dar, der mit zunehmendem Alter schrumpft. Denn zum einen steigt dann die Gefahr von Lohnausfällen (z.B. Arbeitslosigkeit durch längere Krankheit), zum anderen rückt der Ruhestand näher. Auf diese Entwicklung gilt es mit zunehmendem Alter mit einer abnehmenden Aktienquote zu reagieren. Anders ausgedrückt: Anleger sollten ihre Schäfchen rechtzeitig ins Trockene bringen.

! Frei von Kritik ist diese Formel nicht. Bereits 1969 setzten sich Paul Samuelson und Robert Merton mit dieser wichtigen Frage der Geldanlage auseinander. In einem Modell zeigten die beiden Nobelpreisträger, dass junge Menschen mehr Zeit hätten, einen Aktiencrash zu erleben. Für die Älteren wäre diese Gefahr demnach geringer. Letzten Endes plädierten die Wissenschaftler dafür, die Aktienquote über das Leben konstant zu halten. Obwohl es weitere Gegenargumente gibt und die Rechnung »100 minus Lebensalter« recht pauschal klingt, hat sie als Orientierungshilfe bei der Anlageausrichtung aber ihre Daseinsberechtigung.

Um eine optimale Aktienquote zu ermitteln, solltest du auch deine eigene Risikobereitschaft herausfinden. Denn Aktienkurse schwanken. Und wenn du stärkere Kursrückschläge mental nicht verkraftest, sollte die Aktienquote aus reinem Selbstschutz geringer ausfallen.

Zusätzlich gilt es, die deine Lebenssituation und deine Pläne für die nächsten zwei bis drei Jahre zu berücksichtigen. Angenommen, du möchtest in den nächsten Jahren eine Wohnung oder ein Haus kaufen: Dann solltest du die Aktienquote rechtzeitig zurückfahren, um den geplanten Eigenmittelanteil für den Immobilienerwerb nicht zu gefährden.

Dagegen können Anleger, bei denen ein sicheres Einkommen mit stabilen laufenden Ausgaben zusammentrifft, vergleichsweise viel von ihrem freien Kapital in Aktien investieren. Das ist auch im Hinblick auf die spätere Altersvorsorge sinnvoll.

! Investiere immer nur das Geld, das du gerade nicht brauchst! Bevor du Geld langfristig anlegst, spare ein Polster von mindestens drei Netto-Monatsgehältern an, das dir für unvorhergesehene Ausgaben schnell zur Verfügung steht. Zum Beispiel, wenn dein Auto kaputt geht oder die Nebenkostenabrechnung höher ausfällt als gedacht.

5.6 So eröffnet man ein Aktiendepot

Ein Aktiendepot kannst du direkt bei einer Bank vor Ort eröffnen oder online.

Bei der Bank gehen die Bank-Mitarbeiter die Unterlagen mit dir durch und geben dir den Vertrag gleich mit. Sie füllen mit dir den Eröffnungsantrag für dein Depot aus, verifizieren deine Identität (nimm also deinen Personalausweis mit!) und stufen auch ein, wie dein Aktienwissen ist. Das ist wichtig, denn man darf dir keine Anlageprodukte verkaufen, die für deinen Wissensstand zu kompliziert sind.

Bei einem Depot bei einer Online-Bank oder einem Online-Broker füllst du auf der Webseite den Eröffnungsantrag aus. Die Identitätsfeststellung läuft entweder über ein VideoIdent-Verfahren, bei dem du mit einem speziellen Callcenter verbunden wirst und dem Mitarbeiter dort deinen Personalausweis über die Kamera an deinem Rechner oder Smartphone zeigst. Du musst den Personalausweis ein paar Mal drehen und kippen, damit der Mitarbeiter alle Sicherheitsmerkmale sehen kann – aber man sagt dir dann schon, was du wann zu tun hast! Achte dabei auf ausreichend Licht, sonst ist die Kamera überfordert ...

Alternativ kann man die Identität auch bei der Post bestätigen lassen. Dafür druckst du den Eröffnungsantrag inklusive PostIdent-Coupon aus und unterschreibst beides. Mit diesen Unterlagen, einem Briefumschlag und deinem Personalausweis gehst du in eine Postfiliale deiner Wahl. Der Postmitarbeiter prüft deinen Ausweis und schickt deine Eröffnungsunterlagen direkt an die Bank oder den Online-Broker, bei der bzw. dem du dein Depot eröffnen möchtest. Du bekommst die Unterlagen nach der PostIdent-Überprüfung nicht noch einmal in die Hand – darum ist es wichtig, dass du einen (am besten schon beschrifteten) Briefumschlag mitnimmst.

! Vielleicht hast du bereits ein Girokonto und eine Kreditkarte bei einer Online-Bank. Dann raten wir dir, dort auch dein Aktiendepot zu eröffnen.

Dass dein Wissensstand hinsichtlich Geldanlage ermittelt wird, haben wir oben bereits erwähnt. Bei dieser Anlageberatung analysiert der Finanzberater bzw. Mitarbeiter der Bank mit dir seinen finanziellen »Ist-Zustand«. Bei einer Online-Eröffnung musst diese Fragen ebenfalls beantworten, dafür gibt es dann in der Regel ein eigenes Formular.

Diese Fragen werden dir gestellt:

- Welche Anlagen haben Sie bereits?
- Wie viel Geld steht Ihnen zum Beispiel fürs monatliche Sparen oder größere Investitionen zur Verfügung?
- Was sind Ihre finanziellen Ziele?
- Sollen die Anlagen eine positive Wirkung für Umwelt und Gesellschaft entfalten (Nachhaltigkeitsvorlieben)?

Idealerweise wirst du auch über Chancen, Risiken und mögliche Renditen von Investments aufgeklärt.

Wenn du dein Depot eröffnet hast, überweist du in einem ersten Schritt Geld von deinem Girokonto auf das Depot. Dieses Geld kannst du dann in Aktien, ETF usw. investieren. Jeder Kauf und Verkauf (»Trade«) kostet ein paar Euro – so verdienen die Banken ihr Geld. Die Depotführung selbst ist oft kostenlos.

5.7 Aktien und ETF

5.7.1 Aktien: Langfristig ein lohnendes Investment

Wer Aktien kauft, wird Miteigentümer und Gesellschafter einer Aktiengesellschaft und hat als solcher eine ganze Reihe von Rechten. Es handelt sich im Wesentlichen um Vermögens- und Verwaltungsrechte. Einzelheiten regeln das Aktiengesetz und die Satzung der jeweiligen Gesellschaft. Für Kleinaktionäre steht bei den Vermögensrechten oft der Dividendenanspruch im Vordergrund, da sie vor allem aus finanziellen Interessen Aktien kaufen.

Anders als die Gesellschafter von Unternehmen anderer Rechtsformen sind die Aktionäre in das laufende Geschäft einer Aktiengesellschaft nicht direkt eingebunden. Die Leitung des operativen Geschäfts einer Aktiengesellschaft obliegt dem Vorstand. Allerdings sind mit den Aktien Verwaltungsrechte verbunden, die es den Aktionären insbesondere auf der Hauptversammlung ermöglichen, ihre Interessen als Anteilseigner wahrzunehmen.

Deine Rechte als Aktionär:

Vermögensrechte	Verwaltungsrechte
Recht auf Gewinnbeteiligung (Dividenden)	Teilnahme an der Hauptversammlung
Recht auf Bezug junger Aktien bei Kapitalerhöhungen	Stimmrecht in der Hauptversammlung
Recht auf Abfindung bei Übernahmen	Auskunftsrecht in der Hauptversammlung
Recht auf Anteil am Liquidationserlös	Recht auf Anfechtung von Hauptversammlungsbeschlüssen

Beim Blick auf kurzfristige Börsenturbulenzen werden leicht die langfristigen Gewinnperspektiven einer Aktienanlage übersehen. Ein Hauptkriterium für die Anlageentscheidung ist die mit einer Geldanlage verbundene »Rendite«. Die Rendite gibt die jährlichen Erträge, die sich bei Aktien aus Dividenden und Kurssteigerungen zusammensetzen, in Prozent des angelegten Kapitals an.

Pauschal kann man sagen, dass die mit Aktien erzielbaren langfristigen Renditen etwa zu einem Drittel aus Dividendenzahlungen (also den jährlichen Gewinnausschüttungen) und zu zwei Dritteln aus Kurssteigerungen entstehen.

Aber mit der Investition in Aktien sind auch Risiken verbunden. Die wichtigsten Risiken bei der Aktienanlage sind:

- Kursschwankungen aufgrund von Änderungen von Wirtschafts- und Anlagetrends,
- Kursverluste und Dividendenausfälle bei rückläufigem Unternehmensgewinn und

- im schlimmsten Fall der Totalverlust bei einer Insolvenz der Aktiengesellschaft. Dann ist dein ganzes Geld weg.

Um Aktien zu kaufen, brauchst du ein Aktiendepot. Die Kauf- oder Verkaufsorders kannst du über deine Haus- oder Direktbank unter Angabe von Wertpapierkennnummer (WKN oder ISIN) und Stückzahl erteilen.

Bei einem Online-Depot kannst du meist wählen, ob du die Aktien tatsächlich an einer Börse kaufen möchtest oder über einen Direkthändler. Das ist der Unterschied:

- Börsenhandel: Der Preis für die Aktien ergibt sich aus Angebot und Nachfrage. Kauf- und Verkaufsgesuche werden von Menschen oder Online-Systemen koordiniert. Die Börse kontrolliert, ob beim Handel auch alles korrekt läuft.
- Direkthandel: Banken oder Wertpapierhandelshäuser haben bestimmte Aktien oder Fondsanteile im Bestand und legen deren Preise selbst fest. Es gibt keine Regulierung. Beim Direkthandel kaufst du Aktien (und auch ETFs) oft günstiger als an der Börse, da keine Börsengebühren anfallen. Wir finden den Direkthandel einfacher und raten dir dazu, diese Möglichkeit zu nutzen.

! Der Preis beim Direkthändler ist zwar nicht reguliert, darf aber nicht schlechter sein als der Börsenkurs – jedenfalls, solange die Börse geöffnet ist. Kaufe und verkaufe deine Aktien daher nur zu den Xetra-Öffnungszeiten. Reguläre Handelstage sind nur Werktage (kein Wochenende, keine Feiertage) von 9:00 Uhr bis 17:30 Uhr.

Beim Aktienkauf wählst du den Direkthändler mit dem niedrigsten Kaufpreis als Handelsplatz. Du kannst dich bei jedem Kauf neu entscheiden und bist nicht an einen Direkthändler oder eine Börse gebunden.

Vor dem Kaufabschluss bekommst du noch einmal eine Übersicht mit allen Kosten angezeigt. Schau dir diese genau an, bevor du den

Kauf oder Verkauf abschließt. Es wäre ärgerlich (und unter Umständen extrem teuer), wenn du zum Beispiel bei der Anzahl der Aktien eine Null zu viel oder zu wenig eingetragen hättest!

! Je länger du dein Geld in Aktien investierst, desto weniger fallen Kursschwankungen ins Gewicht und desto geringer ist die Wahrscheinlichkeit, die Anlage mit Verlusten zu beenden. Die Dauer des geplanten Aktieninvestments sollte daher zehn Jahre, besser noch 15 Jahre nicht unterschreiten.

Da ein unerwarteter Kurseinbruch die Durchschnittsrendite eines Aktiendepots spürbar senken kann, solltest du zudem über genug Reserven verfügen, um den Zeitpunkt, an dem du dein Aktiendepot auflöst, selbst bestimmen zu können. Deshalb dürfen Aktien auch nicht der alleinige Baustein deiner Anlagestrategie sein.

Statt zu einem fixen Zeitpunkt eine bestimmte Anzahl an Aktien eines Unternehmens zu kaufen, kannst du auch in Aktien- oder Aktienfondssparpläne investieren. Damit reduzierst du das Risiko, einen ungünstigen Einstiegszeitpunkt zu erwischen, denn hier wird kontinuierlich in Aktien investiert.

5.7.2 Sieben wichtige Tipps für Aktien-Einsteiger

Wer auf die langfristige Entwicklung an den Finanzmärkten schaut, kommt an der Aktie nicht vorbei. Um tatsächlich eine attraktive Rendite zu erzielen, gilt es einige Grundregeln zu beachten:

Bleib finanziell unanhängig

Leg nur Geld in Aktien an, das du nicht kurzfristig brauchst. Als Faustregel gilt: Auf das in Aktien investierte Geld solltest du mindestens zehn Jahre lang verzichten können!

Beim Kauf von einzelnen Aktien solltest du mindestens 1.000 Euro bis 2.500 Euro anlegen, um die mit dem Kauf verbundenen Bankgebühren auf etwa 1 % des Kaufpreises zu begrenzen. Ist der Anlagebetrag zu niedrig, verlangt die Bank teure Minimumgebühren, sodass der Kurswert deiner Aktien deutlich stärker steigen muss, um insgesamt eine akzeptable Rendite zu erzielen.

Setze nie alles auf eine Aktie

Durch Streuung (Diversifikation) deiner Anlagen auf Aktien verschiedener Unternehmen und am besten auch Branchen und Länder kannst du dein Anlagerisiko erheblich vermindern. Ein gut strukturiertes Depot sollte aus mindestens fünf verschiedenen Aktien bestehen.

Nach oben hin gibt es zwar keine allgemeingültige Grenze, verzetteln solltest du dich aber auch nicht. Denn: Wer mit Aktien Geld verdienen will, muss sich ständig über die einzelnen Unternehmen informieren. Viele Anleger unterschätzen den Aufwand und legen sich so viele Titel ins Depot, dass sie den Überblick verlieren und die einzelnen Papiere und deren Marktumfeld nicht mehr beobachten können. Weniger ist deshalb mehr: In einem vernünftig strukturierten Depot sollten nicht mehr als zwölf bis 15 Titel stecken.

Achte auf eine gute Branchen- und Regionenstreuung

Unterschiedliche Aktientitel bringen wenig Risikostreuung, wenn die Unternehmen in denselben Branchen oder Regionen beheimatet sind. Sowohl konjunkturelle Einflüsse als auch Börsentrends wirken sich häufig auf die Kurse aller Unternehmen einer bestimmten Branche oder Region aus.

Eine gute Streuung erzielst du, wenn die Aktiengesellschaften in deinem Depot aus möglichst unterschiedlichen Branchen kommen und über die wichtigsten Wirtschaftsregionen Europa, Nordamerika und Ostasien gestreut sind.

Informiere dich umfassend

Bevor du Aktien kaufst, informiere dich ausführlich über das jeweilige Unternehmen. Die beste Quelle für freie Informationen über Aktien ist das Internet. Auf der Website eines börsennotierten Unternehmens findest du unter der Rubrik »Investor Relations« beispielsweise die Geschäftsberichte, Quartalszahlen und Meldungen über wichtige Ereignisse.

Verfolge außerdem in der Tages- und Wirtschaftspresse Meldungen und Kommentare zu Unternehmen. Und berücksichtige auch, in welchem Index der dich interessierende Aktienwert notiert wird. Über Aktien, die in einem Index vertreten sind, wird in den Medien vergleichsweise ausführlicher berichtet und auch das Interesse der Fondsgesellschaften an diesen Werten ist größer.

Sei vorsichtig mit Exoten

Aktien von kleineren Unternehmen werden häufig im wenig regulierten Freiverkehr oder sogar nur auf außerbörslichen Plattformen gehandelt. Hier lauern gleich mehrere Risikofaktoren. Aufgrund der geringen Handelsvolumina kann es vorkommen, dass Verkaufswillige Wochen oder gar Monate auf einen Käufer warten müssen. Außerdem gelten hier weit weniger strenge Vorschriften als für Dax-Unternehmen, wenn es um die Veröffentlichung von Unternehmenszahlen oder Meldungen zu wichtigen Ereignissen geht. Aufgrund dieser Mängel in Bezug auf Transparenz und Liquidität solltest du von solchen exotischen Titeln im Zweifelsfall lieber Abstand nehmen.

Minimiere deine Depotkosten

Eine alte Kaufmannsweisheit sagt: »Im Einkauf liegt der Gewinn.« Das gilt auch bei der Aktienanlage. Denn jeder Euro, den du bei den Nebenkosten einsparst, erhöht deine Rendite. Achte also bei der Auswahl der depotführenden Bank sowohl auf die Transaktionskosten pro Order als auch auf die jährlichen Depotgebühren.

Am besten erstellst du eine Hochrechnung mit dem geplanten Depotvolumen und der voraussichtlichen jährlichen Anzahl der Orders, sodass du die einzelnen Preismodelle anhand deiner Portfolioplanung konkret vergleichen kannst. Das ist eine hübsche kleine Excel-Aufgabe für ein Wochenende!

Wenn du deine Anlageentscheidungen in Eigenregie triffst, kann auch der Umstieg von einem Beratungsdepot auf ein Onlinedepot Kosten sparen, ohne dass du dafür die Bank wechseln musst.

Achte bei Kauf und Verkauf auch auf das Timing

In der Theorie ist eine erfolgreiche Anlagestrategie in Aktien ganz einfach: Zum niedrigen Preis kaufen und möglichst hoch verkaufen – und schon sprudeln die Gewinne. Die Praxis sieht allerdings anders aus, denn im Vorhinein weiß niemand, wann Tiefst- bzw. Höchstkurs erreicht sind.

Dennoch lohnt es sich, bei der Wahl des Ein- und Ausstiegszeitpunktes einige Grundsätze zu beachten: Wer zu lange auf den vermeintlichen Tiefststand wartet, riskiert beim Kauf in die Phase bereits wieder ansteigender Kurse zu geraten.

Eine vernünftige Ausstiegsstrategie muss zweierlei Dinge berücksichtigen: Zum einen sind nur realisierte Gewinne echte Gewinne. Nimm also Kursgewinne auch mal mit, anstatt auf immer noch höhere Zuwächse zu warten. Die Gier ist der größte Feind einer erfolgreichen Anlage!

Andererseits solltest du an verlustreichen Investments nicht zu lange festhalten. Das Prinzip Hoffnung ist kein guter Ratgeber! Gestehe dir ein, dass die Entscheidung für eine bestimmte Aktie sich im Nachhinein als Fehler erwiesen hat und löse die Position trotz des realisierten Verlusts auf!

! Grundsätzlich gilt für die Geldanlage: Aktien sind unverzichtbarer Bestandteil eines jeden gut diversifizierten Vermögens. Zu einer erfolgreichen »Asset Allocation« gehört es nicht, wie viele Anleger glauben, mit dem Gros seiner Aktien jeweils zum »richtigen« Zeitpunkt ein- oder auszusteigen. Denn diesen Zeitpunkt zu finden gelingt den wenigsten und ist meist Glückssache.

Entscheidend ist vielmehr, und das wird auch durch entsprechende Untersuchungen bestätigt, mit einem bestimmten Anteil seines Vermögens in Aktien dauerhaft investiert zu sein. Dieser Anteil kann entsprechend der jeweiligen Markteinschätzung vergrößert oder verkleinert oder zum Beispiel durch den Einsatz von Bonus- oder Discount-Zertifikaten im Risiko gemindert werden.

Wer Geld in Aktien investieren möchte, den Aufwand einer Direktanlage aber scheut, der sollte sich mit Exchange Traded Funds (ETFs) beschäftigen.

5.7.3 Exchange Traded Funds: Einfach, transparent und kostengünstig

Ein Mann Namens John Bogle hatte in den 1970er Jahren eine einfache und doch geniale Idee: Was, wenn Anleger nicht die Nadel im Heuhaufen, also eine spezielle Aktie, kaufen müssten, die mit ihrer Wertentwicklung für ordentliche Gewinne sorgt, sondern gleich den ganzen Heuhaufen kaufen könnten? Der Gedanke: Jeder Anleger könnte so mit geringem Kapitalaufwand mit einer breiten Streuung Sicherheit mit Rendite verbinden.

Das war die Geburtsstunde der »Exchange Traded Funds« (oder kurz: ETFs), die heute zu den beliebtesten Anlageklassen überhaupt gehören.

Der Siegeszug der börsengehandelten Indexfonds liegt wohl vor allem an ihrer Einfachheit:

- Bei den ETFs gibt es keinen Fondsmanager, der einzelne Aktien auswählt und versucht mit seiner Selektion besser zu sein als der Wettbewerb oder der Markt selbst. Das spart Geld und macht ETFs günstig.
- ETFs bilden möglichst genau einen Index nach – etwa den DAX, den amerikanischen S&P 500 oder den MSCI World. Daher werden sie oft auch als passive Anlageprodukte bezeichnet.
- ETFs werden täglich an der Börse gehandelt, können also jeden Tag gekauft und verkauft werden.
- ETFs werden genauso streng reguliert wie klassische Investmentfonds.

! Für dein Depot sind Exchange Traded Funds (ETFs) wie geschaffen. Sie sind günstig, jederzeit handelbar und sollten daher Bestandteil eines jeden auf Effizienz und Kostenbewusstsein ausgerichteten Depots sein.

Für den Handel mit ETFs wurde an der Deutschen Börse mit dem sogenannten XTF (»Börse für gehandelte Fonds«) ein eigenes Marktsegment eingerichtet. Dort können diese Papiere zu den üblichen Handelszeiten börsentäglich ge- und verkauft werden. Aber auch an den anderen Regionalbörsen ist der Handel von ETFs jederzeit möglich.

Der Kauf von ETFs ist ähnlich einfach wie der Kauf von Aktien und Anleihen: Kauf- oder Verkaufsorders kannst du über deine Haus- oder Direktbank unter Angabe von Wertpapierkennnummer (WKN oder ISIN) und Stückzahl erteilen.

Beim Kauf und Verkauf von ETFs werden nur die üblichen Transaktionskosten (z.B. Maklercourtage) wie beim Aktienkauf fällig. Das sind bei Filialbanken zwischen 0,50 % und 1 %, bei Direktbanken (Online-Banken) zahlst du deutlich weniger. Ein Ausgabeaufschlag wie bei aktiv gemanagten Fonds entfällt. Zum Vergleich: Bei aktiv gemanagten Aktienfonds sind beim Erwerb von Anteilen im Schnitt einmalig rund 5 % als Ausgabeaufschlag zu zahlen.

Auch die Verwaltungs- bzw. Managementgebühren sind bei ETFs deutlich niedriger als bei aktiv gemanagten Fonds: Bei letzteren liegen diese Kosten zwischen 1,5 % und 2,5 % pro Jahr, bei ETFs lediglich bei 0,08 % bis 0,75 %. Die automatische Portfolioanpassung als Reaktion auf schleichende Veränderungen in der Indexgewichtung, das Rebalancing sowie das Management von Dividendeneinnahmen sind hierbei mit abgedeckt.

Die Höhe der bei ETFs anfallenden jährlichen Verwaltungsgebühren ist vom zugrunde liegenden Index abhängig. Als Faustregel gilt: Je exotischer der zugrunde liegende Index, desto höher die Verwaltungsgebühr. Ein ETF auf den EuroStoxx50 kostet zum Beispiel 0,16 % pro Jahr, ein ETF auf den MSCI Emerging Market hingegen 0,55 %. Indizes, die komplexe Strukturen abbilden, können Kosten von jährlich bis zu 0,95 % verursachen.

5.8 Tagesgeld und Festgeld

Im Kapitel »Geld anlegen: Wie riskant darf es sein« haben wir geschrieben: »Investiere immer nur das Geld, das du gerade nicht brauchst! Bevor du Geld langfristig anlegst, spare ein Polster von mindestens drei Netto-Monatsgehältern an, das dir für unvorhergesehene Ausgaben schnell zur Verfügung steht.«

Dieses Drei-Monats-Polster kannst du gut mit einem Tagesgeldkonto ansparen. Wenn du mehr Geld angespart hast und nicht in Wertpapiere investieren möchtest, kann ein Festgeldkonto eine gute Alternative für dich sein.

Sowohl das Tagesgeld- als auch das Festgeldkonto eröffnest du nach dem dir nun schon bekannten Prinzip: Suche dir eine Bank, bei der du Geld anlegen möchtest – im Internet gibt es dafür verschiedene Vergleichsportale wie zum Beispiel Check24 oder Verivox.

Du füllst den Eröffnungsantrag aus und verifizierst mit deinem Personalausweis deine Identität. Die Identitätsfeststellung läuft entweder über ein VideoIdent-Verfahren, bei dem du mit einem speziellen Callcenter verbunden wirst und dem Mitarbeiter dort deinen Personalausweis über die Kamera an deinem Rechner oder Smartphone zeigst. Du musst den Personalausweis ein paar Mal drehen und kippen, damit der Mitarbeiter alle Sicherheitsmerkmale sehen kann – aber man sagt dir dann schon, was du wann zu tun hast! Achte dabei auf ausreichend Licht, sonst ist die Kamera überfordert...

Alternativ kann man die Identität auch bei der Post bestätigen lassen. Dafür druckst du den Eröffnungsantrag inklusive PostIdent-Coupon aus und unterschreibst beides. Mit diesen Unterlagen, einem Briefumschlag und deinem Personalausweis gehst du in eine Postfiliale deiner Wahl. Der Postmitarbeiter prüft deinen Ausweis und schickt deine Eröffnungsunterlagen direkt an die Bank, bei der du dein Konto eröffnen möchtest. Du bekommst die Unterlagen nach der PostIdent-Überprüfung nicht noch einmal in die Hand – darum ist es wichtig, dass du einen (am besten schon beschrifteten) Briefumschlag mitnimmst.

Um ein Tagesgeldkonto oder ein Festgeldkonto zu eröffnen, brauchst du ein sogenanntes »Referenzkonto«. Das ist dein Girokonto, das auch bei einer anderen Bank sein darf (und in den meisten Fällen vermutlich auch sein wird). Tages- und Festgeldkonten sind nicht dafür gedacht, Überweisungen an verschiedene andere Konten zu ermöglichen. Sie sind immer nur mit einem Konto »verbunden« – dem Referenzkonto.

5.8.1 Tagesgeld

Ein Tagesgeldkonto hat keine feste Laufzeit. Du kannst dein Geld so lange liegen lassen, wie du möchtest, und bekommst Zinsen dafür. Der Zinssatz ist variabel, das heißt, die Bank kann ihn jederzeit nach oben oder unten anpassen. Tagesgeldkonten kosten üblicherweise keine Kontoführungsgebühr.

Das Tagesgeldkonto ist perfekt, um nach und nach ein finanzielles Polster aufzubauen: Du kannst zum Beispiel bei deinem Girokonto einen Dauerauftrag einrichten, um monatlich 20 oder 50 Euro auf das Tagegeld zu überweisen oder wie viel du dir leisten kannst. Wenn du merkst, dass du mehr Geld auf dem Girokonto hast, als du dort brauchst, überweist du einen Teil davon (oder alles) auf dein Tagesgeldkonto. So ist das Geld »weg« und du gibst es nicht unbedacht aus.

Falls du doch schnell an dein Geld herankommen musst, überweist du den benötigten Betrag einfach von deinem Tagesgeldkonto auf das Referenzkonto (dein Girokonto). Das kannst du jeden Tag machen, ohne Kündigungsfristen einhalten zu müssen.

Wenn sich dein Tagesgeldkonto langsam füllt und du weißt, dass du ein paar Monate oder sogar Jahre auf das Geld verzichten kannst, kannst du anfangen, über andere, längerfristige Anlageformen nachzudenken.

Wenn dir Aktien und ETF zu riskant sind oder du nicht ganz so langfristig denken möchtest, ist Festgeld eine gute Lösung.

5.8.2 Festgeld

Im Gegensatz zum Tagesgeld hat Festgeld eine feste Laufzeit. Du legst dein Geld also für einen bestimmten Zeitraum an und kannst während dieses Zeitraums nicht darauf zugreifen. Es gibt Festgelder für 30 Tage, für mehrere Monate (meist sechs oder zwölf) und auch für mehrere Jahre.

Ab einer Anlagedauer von etwa sechs Monaten sind die Zinsen beim Festgeld höher als beim Tagesgeld – schau aber besser noch einmal bei einem Vergleichsrechner im Internet nach, bevor du ein Konto eröffnest und dein Geld anlegst!

Die Zinsen bleiben während der gewählten Anlagedauer gleich und können von der Bank nicht geändert werden.

5.9 Gold: Münzen, Medaillen und Schmuck

Wer mit kleinen Beträgen an den Aufbau einer goldenen Reserve für den Notfall denkt, ist mit dem Kauf von Goldmünzen gut beraten. Doch auch hier musst du dich auf einige Besonderheiten einstellen, damit du beim späteren Verkauf keine bösen Überraschungen erlebst.

Begehrt sind bei Käufern von Goldmünzen neben deutschen Goldmünzen aus Kaisers Zeiten oder anderen Sammlerstücken vor allem die sogenannte »Bullion Coins«. Das sind international akzeptierte Anlage-Goldmünzen wie zum Beispiel der südafrikanische Krügerrand, die kanadische Maple Leaf, der amerikanische Eagle, die Wiener Philharmoniker aus Österreich und der australische Nugget Kangaroo. In ihren Herkunftsländern gelten diese Münzen als gesetzliches Zahlungsmittel und ihre Preise orientieren sich – mit niedrigen Aufschlägen – an den Goldpreisen.

5.9.1 Welche Goldmünzen gibt es und was kosten sie?

Nachfolgend die wichtigsten Gold-Anlagemünzen im Überblick:

- **Krügerrand** Südafrika, seit 1967. Das war die erste Anlagemünze in Gold, sie dominiert bis heute den Weltmarkt. Da bei einem Krügerrand zusätzlich zur Unze Feingold noch Kupfer beigemischt ist, wiegt ein Krügerrand etwas mehr – nämlich 33,93 g.
- **Maple Leaf** Kanada, seit 1979. Auf der Münze ist das kanadische Ahornblatt (»Maple Leaf«) zu sehen.
- **Nugget Kangaroo** Australien, seit 1987. Das Motiv wechselt jährlich, aber es ist immer ein Känguru zu sehen.
- **American Eagle** USA, seit 1986. Abgebildet sind die Freiheitsstatue und ein Seeadler über seinem Horst.
- **Wiener Philharmoniker** Österreich, seit 1989. Zu sehen sind Instrumente der Philharmoniker sowie eine Orgel.
- **Britannia** Großbritannien, seit 1987. In den ersten Prägejahren war sie aus Rotgold, später aus Gelbgold.

Die Preise der Münzen schwanken täglich; sie sind vom jeweiligen Edelmetalltagespreis und der Handelsspanne des Verkäufers abhängig.

Gold-Anlagemünzen kannst du in verschiedenen Stückelungen, zum Beispiel als 1-Unzen-Münze, als 1/2-, 1/4- oder 1/10-Unzen-Münze, erwerben.

Beim Kauf der Münzen verlangen die Banken einen Aufschlag auf den inneren Metallwert. Mit dieser Verkaufsgebühr finanzieren sie die für das Goldgeschäft anfallenden Bevorratungs- und Prüfkosten und ihre Gewinnspanne.

Für die Höhe des Aufschlags gilt: Je kleiner die Stückelung (z.B. 1/10 Unze) ausfällt, desto höher sind die Gebühren. Bei einer 1/10-Unzen-Münze musst du bereits mit einem Gebührenanteil von rund 22 % am Endverkaufspreis rechnen. Deshalb solltest du bei der Goldanlage 1-Unzen-Münzen bevorzugen.

Früher warst du beim Kauf von Gold-Anlagemünzen mehr oder weniger auf das Angebot deiner Hausbank angewiesen. Inzwischen gibt es im Internet spezialisierte Goldhändler wie beispielsweise Pro-Aurum. Vor dem Münzenkauf solltest du unbedingt mehrere Angebote einholen und vergleichen. Preisunterschiede von bis zu 20 % sind keine Seltenheit. Einen sehr guten Marktüberblick mit Preisvergleich liefert die Seite bullion-investor.com. Auf keinen Fall solltest du Münzen (oder Barren) über eBay kaufen! Hier werden oft Fantasiepreise verlangt.

5.9.2 Wie viel ist eine Feinunze Gold?

Das Gewicht einer Feinunze Gold beträgt exakt 31,1034768 g. Diese Unze entspricht der sogenannten »Apotheker-Unze«, einem Maß für Medikamente und Chemikalien.

Bei Goldmünzen bezieht sich die Gewichtsangabe nur auf den Edelmetallanteil. Das Gewicht eventueller Verunreinigungen wird vom

Gesamtgewicht abgezogen. Die Angaben der Gold- (und auch der Silber-)Preise erfolgen regelmäßig in US-Dollar pro Feinunze.

Ein Krügerrand ist etwas weniger wert als eine Feinunze Gold, da er als Massenware gilt und zur Herauslösung des Feingolds die Münze aufwendig eingeschmolzen werden müsste. Nach dem Weltmarktführer Krügerrand ist der kanadische Maple Leaf die Nummer zwei.

5.9.3 Sammlermünzen als Geldanlage?

Von den Anlage-Goldmünzen zu unterscheiden sind die historischen Gold-Sammlermünzen. Hier richten sich die Preise in erster Linie nach dem Liebhaberwert, der oft erheblich über dem Goldwert liegt. Je seltener eine Münze, desto höher ist ihr Wert. Vorausgesetzt, es gibt Sammler, die bereit sind, für ihr Hobby so viel zu bezahlen. Ohne spezielle Marktkenntnisse werden hier schnell kostspielige Fehler gemacht.

Beim Verkauf kommt es dann natürlich darauf an, wieder einen Sammler oder Münzhändler zu finden, der die Sammlermünzen ankauft. Die Veräußerlichkeit von Sammlermünzen ist also sehr eingeschränkt und nur bei teuren Spitzenstücken sichergestellt.

5.9.4 Medaillen als Geldanlage?

Gänzlich ungeeignet zur Anlage sind die vielen Medaillen, die von Prägeanstalten und Münzhändlern angesichts bestimmter historischer Ereignisse in großen Stückzahlen unters Volk gebracht werden und grundsätzlich nicht als gesetzliches Zahlungsmittel zugelassen sind.

Beim Wiederverkauf dieser Medaillen bekommst du wegen des geringen Goldwerts allenfalls einen Bruchteil des ursprünglichen Kaufpreises; meist ist gar kein Verkauf möglich. Der einzige Weg, um Medaillen zu Geld zu machen, führt dann über eine Goldscheideanstalt.

5.9.5 Goldschmuck als Geldanlage?

Investitionen in Goldschmuck sind zur Kapitalanlage ungeeignet. Denn nur im eingeschmolzenen Zustand lässt sich bei Goldschmuck der tatsächliche Metallwert erzielen. Der Kaufpreis von Schmuck liegt meist weit über dem tatsächlichen Goldwert, weil der Käufer auch die Kosten für das Design und die Handarbeit des Goldschmieds bezahlen muss.

Bei großen Schmuckauktionen ist zusätzlich noch für den Schmuckwert entscheidend, aus welcher Zeit das Stück stammt und inwieweit das Schmuckdesign dem aktuellen Geschmack entspricht. So sind zum Beispiel Schmuckstücke von bekannten Juwelieren oder aus begehrten Epochen (z.B. Jugendstil) später wieder leichter zu veräußern. Bei Goldschmuck ist die Fälschungsgefahr wesentlich höher als bei Goldmünzen oder Goldbarren. Sinn und Zweck von Goldschmuck ist es daher in erster Linie, getragen zu werden und sich an seinem Anblick zu erfreuen. Für Anlagezwecke in Gold gibt es genügend andere, bessere Alternativen.

5.10 Nachhaltige Geldanlage und Öko-Investments

Im Zuge der aktuellen Klimaschutzdebatten haben immer mehr private Anleger den Wunsch, mit der Investition ihrer Ersparnisse einen Beitrag zur Verbesserung der ökologischen Rahmenbedingungen in Wirtschaft und Industrie zu leisten. Umgekehrt möchten diese Anleger auf Wertpapiere von Unternehmen verzichten, wenn diese Umweltstandards missachten oder unfair mit Mitarbeitern umgehen.

Und so wenden sich immer mehr Wertpapiere und Fondsprodukte speziell an Investoren, die dem Trend zur nachhaltigen Kapitalanlage folgen wollen. Allerdings finden dabei Begriffe Verwendung, die sich unterschiedlich interpretieren lassen. Im schlimmsten Fall stellt der Anleger nach seiner Investmententscheidung fest, dass die Kapitalanlage seine Kriterien nicht erfüllt, weil er die Kennzeichnung falsch interpretiert hat. Denn ein nachhaltiger Aktienfonds ist nicht unbedingt ein grüner Aktienfonds und kann je nach Auslegung der Kriterien auch Aktien von Erdölproduzenten oder Automobilherstellern enthalten.

! Wenn du eine nachhaltige oder ökologische Kapitalanlage planst, solltest du die Definition der unterschiedlichen Begriffe verstehen und richtig einordnen. Dann kannst du deine Suche nach dem passenden Anlageprodukt auf die Kategorie fokussieren, die die gewünschten Maßstäbe anlegt.

5.10.1 Welche Kriterien gelten für nachhaltige Finanzanlagen?

Nachhaltigkeitskriterien werden im Zusammenhang mit Aktien- oder Fondsanlagen auch als »Environment Social Governance« (ESG) bezeichnet. Eine weitere Bezeichnung für Nachhaltigkeit ist der englische Begriff »Sustainability« (Nachhaltigkeit), der häufig in den Namen von Anlageprodukten oder Wertpapierindizes auftaucht.

Die Kriterien des nachhaltigen Wirtschaftens wurden im Lauf der Zeit auf die Führung von Unternehmen übertragen: Ein Unternehmen, das dem Anspruch der Nachhaltigkeit gerecht werden will, soll umweltschonende Produktionsmethoden einsetzen und den Verbrauch von Ressourcen minimieren, fair mit seinen Mitarbeitern und Geschäftspartnern umgehen und sich klar von Korruption und anderen unethischen Geschäftspraktiken distanzieren.

5.10.2 Was sind ethische Investments?

Beim ethischen Investment kommen neben den Merkmalen der Nachhaltigkeit noch weltanschauliche Gesichtspunkte hinzu. Ethische Kapitalanlagen findet man insbesondere bei Banken mit kirchlicher Ausrichtung. Hier achten die Vermögensverwalter darauf, nicht in Wertpapiere von Unternehmen zu investieren, deren Geschäftstätigkeit den religiösen Werten widerspricht. Beispiele hierfür sind etwa Glücksspiele oder die Produktion von alkoholischen Getränken, Tabakwaren oder Waffen.

Das Gegenstück zu christlich orientierten Ethik-Anlagen stellen im muslimischen Kulturkreis sogenannte Islam-Anlagen dar, die im Einklang mit den Regeln des Koran investieren. Hier greift häufig das Zins- und Spekulationsverbot sowie das Verbot von Schweinefleisch, sodass in Islam-Fonds oft nur ein geringer Anteil an Aktien von Finanzdienstleistern und Fleischproduzenten vorzufinden ist.

5.10.3 Was sind grüne und ökologische Investments?

Beim grünen Investment legen die Verwalter des Anlageproduktes den Schwerpunkt darauf, dass die infrage kommenden Unternehmen möglichst geringe Schadstoffemissionen verursachen und bei der Herstellung ihrer Produkte ressourcenschonend arbeiten.

Bei der ökologisch ausgerichteten Aktienanlage handelt es sich häufig um ein Anlagemodell, das sich auf bestimmte Branchen wie regenerative Energiegewinnung, Recycling, Umweltschutz und Technologien zur Senkung des Energieverbrauchs konzentriert. Ökologisch problematische Sektoren wie Rohstoffgewinnung oder Automobilherstellung bleiben oft komplett ausgeklammert.

5.10.4 Wie prüfst du, ob die Nachhaltigkeitskriterien eingehalten werden?

Wenn ein Finanzdienstleister ein nachhaltiges oder grünes Anlageprodukt anbietet, ist oft nicht sofort ersichtlich, welche Kriterien angesetzt werden und wie streng die Auslegung erfolgt. So zählt beispielsweise die Vermeidung von Korruption zu den Merkmalen der Nachhaltigkeit. Doch der Verzicht auf diese Straftat sagt zunächst einmal nur aus, dass sich das Unternehmen an die Gesetze halten will – was streng genommen eine Selbstverständlichkeit sein sollte und nicht auf besondere Weise honoriert werden muss.

Ähnlich verhält es sich mit der fairen Behandlung von Arbeitnehmern. Wer damit wirbt, seinen Arbeitern in Entwicklungsländern den Mindestlohn zu zahlen, kann immer noch von Billiglöhnen profitieren, die den Arbeitnehmern noch lange nicht die Befriedigung der grundlegenden Bedürfnisse ermöglichen.

Nimm die Nachhaltigkeitskriterien bei der Auswahl von Anlageprodukten also kritisch unter die Lupe. Noch immer sind zu viele Produkte auf dem Markt, die nachhaltiger aussehen, als sie wirklich sind.

- Prüfe, welche Fonds ein Siegel des Forums Nachhaltige Geldanlagen (www.forum-ng.org/de/) erhalten haben.
- Das Internetportal Ecoreporter veröffentlicht regelmäßig Testberichte über nachhaltige Fonds und ETFs.
- Die Ratingagentur Morningstar benotet Fonds in Sachen Nachhaltigkeit.
- Die Stiftung Warentest empfiehlt bestimmte nachhaltige Fonds und ETFs als 1. Wahl.
- Unter www.globalanceworld.com kannst du außerdem nachschauen, wie einzelne Unternehmen zur Klimaerwärmung beitragen.

5.10.5 Nachhaltige Anlage in Aktien und Fonds

Ein großer Teil der nachhaltigen Kapitalanlagen entfällt auf Aktien sowie auf entsprechende Investmentfonds. Indizes spielen bei der Wertpapieranlage vor allem für Aktieninvestoren eine wichtige Rolle, da sie dem Marktteilnehmer einen schnellen Überblick über die Kursentwicklung der wichtigsten Unternehmen bestimmter Branchen und Länder bieten. Weithin bekannte allgemeine Aktienindizes sind etwa der DAX (Großunternehmen Deutschland), der STOXX (Großunternehmen Europa) oder der MSCI-Weltaktienindex.

Auch im Bereich der Nachhaltigkeit gibt es einige Indexanbieter. Die darin enthaltenen Unternehmen müssen die vom jeweiligen Indexersteller vorgegebenen Merkmale erfüllen.

Dow Jones Sustainability Index (DJSI)

Das ist eine Indexfamilie mit Einzelindizes, die verschiedene Regionen abdecken. Wichtige Indexvarianten sind der DJSI Global mit mehr als 300 Aktien aus der ganzen Welt und der DJSI Stoxx mit 160 europäischen Aktien. Branchenausschlüsse gibt es keine, sodass auch Automobilhersteller und Rohstoffkonzerne enthalten sind. Innerhalb der einzelnen Branchen kommt der Best-in-Class-Ansatz zum Tragen. Die Informationen zu den einzelnen Unternehmen werden per Fragebogen und auf Basis öffentlich zugänglicher Dokumente wie Geschäfts- und Nachhaltigkeitsberichte gesammelt.

Vorteilhaft ist die breite Marktabdeckung und die Aufteilung auf regionale Einzelindizes. Kritiker bemängeln hingegen die geringe Gewichtung ökologischer Kriterien, die in der Gesamtbewertung lediglich 3 % ausmachen.

FTSE4Good

Bei FTSE4Good handelt es sich um die Nachhaltigkeits-Indexfamilie des britischen Indexanbieters FTSE. Neben dem globalen Index gibt es weitere Varianten, unter anderem für Europa, Japan, Großbritannien und die USA. Ausgeschlossen sind Unternehmen aus dem Bereich Waffenproduktion, Atomenergie und Tabakwaren. In den anderen Branchen erfolgt ähnlich wie beim DJSI ein Nachhaltigkeitsrating für die einzelnen Unternehmen, aus denen sich dann die Rangliste für die Indexzusammensetzung ergibt.

Von Vorteil ist auch hier die große Anzahl an liquiden Aktien von Großunternehmen. Allerdings können aufgrund der eher weichen Kriterien auch problematische Unternehmen enthalten sein.

MSCI KLD 400 Social Index

Diesen Aktienindex gibt es schon seit rund 30 Jahren (früher hieß er Domini-400-Index). Er enthält 400 US-amerikanische Unternehmen, die vor allem soziale und ethische Kriterien erfüllen müssen. Ausgeschlossen sind Waffenproduzenten, Tabakkonzerne, Hersteller von Alkoholgetränken, Kernkraftwerksbetreiber und Unternehmen aus der Glücksspielbranche.

Von Vorteil ist die langjährige Expertise des Indexanbieters im Bereich der Nachhaltigkeit. Weniger günstig ist die alleinige Konzentration auf den US-Aktienmarkt und die hohe Gewichtung an Technologieunternehmen.

Natur-Aktien-Index (NAI)

Das ist einer der grünsten aller Aktienindizes, allerdings sind darin bloß 30 Unternehmen enthalten. Die regionale Streuung ist global. Die Größe der Unternehmen zählt zumeist zum mittleren Segment, viele Branchen sind gänzlich ausgeschlossen.

Diese Auswahl hat den Nachteil, dass viele wichtige Branchen ausgeschlossen bleiben, wenn sich Anleger am NAI orientieren. Im Gegenzug liefert der Index ein Portfolio, das hohen ethischen und ökologischen Ansprüchen genügt.

5.11 Kryptowährungen

Am bekanntesten ist wahrscheinlich der Bitcoin – aber das ist nur eine von Dutzenden verschiedenen Kryptowährungen. Andere bekannte Namen sind zum Beispiel Ethereum, Tether und Litecoin. Wir verwenden im folgenden Abschnitt »Bitcoin« stellvertretend für alle Kryptowährungen.

5.11.1 Wie funktionieren Kryptowährungen?

Bitcoins – oder eben allgemein Kryptowährungen – sind digitale Zahlungsmittel auf der Grundlage eines Blockchain-Systems. Eine »Blockchain« ist eine Datenbank, die kryptografisch gesichert und nur schwer oder gar nicht manipulierbar ist. In der Blockchain werden Transaktionen erfasst und dezentral, verteilt auf viele einzelne Computer, gespeichert. Dabei muss immer jeder Computer bestätigen, dass eine Transaktion stattgefunden hat – ohne Bestätigung wird sie nicht in die Kette (chain) aufgenommen. Vereinfacht ausgedrückt ist also eine Blockchain eine Datenkette, die immer um weitere Datensätze erweiterbar ist. Und da den erfassten Transaktionen (Erweiterungen der Datenkette) kryptografische Verfahren zugrunde liegen, spricht man von »Kryptowährung«.

»Dezentral« bedeutet auch, dass die Währung weder von Regierungen noch von Banken verwaltet wird.

5.11.2 Wie handelt man mit Kryptowährungen?

Kryptowährungen gibt es nicht als reale Münzen oder Papiergeld, sondern sie können nur durch Rechenleistung digital erzeugt werden. Das ist das sogenannte »Mining«. Dabei handelt es sich um einen ressourcenintensiven Prozess, der erstens immens viel Strom verbraucht und zweitens deine Hardware verschleißt – falls du tatsächlich mit dem eigenen Rechner Bitcoin schürfen möchtest (was grundsätzlich möglich ist). Lohnender, aber auch nicht ganz billig, ist dann doch eher die Miete von Hashleistung bei einem Cloud-Mining-Anbieter.

Du musst aber gar nicht selbst Bitcoin »herstellen«, um damit zu handeln, denn man kann Kryptowährungen auch kaufen. Um Bitcoins zu kaufen oder in reale Währungen zurückzutauschen gibt es im Internet verschiedene Krypto-Börsen. Der Tausch von beispielsweise Euro gegen Bitcoin ist gegen eine mehr oder weniger hohe Gebühr leicht möglich. Zu den großen seriösen Anbietern gehören zum Beispiel Binance (www.binance.com) und Kraken (www.kraken.com). Wer lieber im deutschsprachigen Raum unterwegs sein möchte, sollte sich das Angebot von Bitpanda (www.bitpanda.com) anschauen.

Guthaben aus Kryptowährungen (egal, ob gekauft oder selbst hergestellt) wird als Computercode von einem Teilnehmer zum anderen übertragen. Wer einen passenden geheimen Signaturschlüssel besitzt, kann eine solche Transaktion einstellen und damit über das dahinter stehende Guthaben verfügen. Seine Schlüssel speichert man in einer digitalen Geldbörse (Wallet).

Anbieter für die unterschiedlichen Wallet-Systeme findest du unter bitcoin.org. Die digitale Brieftasche ist kostenlos. Mit der Anmeldung wird praktisch die erste Bitcoin-Adresse generiert. Du kannst damit Bitcoins empfangen und versenden. Falls benötigt, können weitere Adressen erstellt werden, mit denen gehandelt werden kann.

! Der Sicherheitsaspekt beim Besitz von Bitcoins ist von zentraler Bedeutung. Sorge daher dafür, dass deine Walletsoftware immer auf dem aktuellsten Stand ist. Am sichersten sind sogenannte Hardware-Wallets, wie beispielsweise Ledger oder Trezor.

Wer keine Kryptos herstellen oder kaufen möchte, kann in börsengehandelte Wertpapiere auf Bitcoin investieren.

Einen Exchange Traded Fund (ETF) auf Bitcoin gibt es weltweit noch nicht – das scheiterte bisher an der fehlenden Regulierung. Jedoch gibt es dank der Exchange Traded Notes (ETN) vergleichbare Möglichkeiten, in börsengehandelte Wertpapiere auf Bitcoin zu investieren. Ein ETN ist eine Inhaberschuldverschreibung. Er ermöglicht die nicht physische Investition in Indizes oder Währungen. Ein ETN kann besichert oder nicht besichert sein. Achtung: Ohne Besicherung ist bei Zahlungsunfähigkeit des Emittenten (das ist derjenige, der den ETN auflegt) ein Totalverlust möglich. Bei ETFs dagegen ist das Emittentenrisiko praktisch nicht vorhanden.

Inzwischen werden in Deutschland zwei ETNs auf Bitcoin börsentäglich gehandelt, die komplett mit Bitcoins besichert sind. Das heißt: Mit dem Geld, das in die ETNs investiert wird, werden auch tatsächlich vom Emittenten Bitcoins erworben und als Sicherheit verwahrt. Die beiden ETNs sind der VanEck Vectors Bitcoin ETN (WKN: A28M8D) und der BTCetc Bitcoin Exchange Traded Crypto (WKN: A27Z30). Diese Papiere können problemlos an den verschiedenen deutschen Börsenplätzen gehandelt werden. Ein Nachteil sind die hohen jährlichen Verwaltungsgebühren von 2 %.

! Lass dich nicht vom Bitcoin-Hype anstecken, sondern bewerte diese Geldanlage nach den gleichen Kriterien, die auch sonst für dich wichtig sind. Entscheidend ist, dass die Investition in Bitcoins zu deinen eigenen Anlagezielen passt und die Spekulation auf einen vernünftigen Prozentsatz deines Vermögens begrenzt bleibt.

6 Steuererklärung

Worum es jetzt gleich geht:

- Wann du eine **Steuererklärung** abgeben musst und wann sich die freiwillige Abgabe lohnt.
- Diese **Fristen** musst du kennen.
- Die elektronische Steuererklärung heißt **Elster.**
- Eine **Steuer-Identifikationsnummer** bekommt in Deutschland jeder automatisch.
- Diese **Unterlagen** brauchst du für eine Steuererklärung.
- Welche **Steuerformulare** du brauchst und um was es bei ihnen geht.
- So findest du das für dich zuständige **Finanzamt.**
- Nach der Steuererklärung kommt der **Steuerbescheid** – den du genau prüfen musst.
- Wenn das Finanzamt Fehler macht, kannst du dich **wehren.**
- So bringst du **Ordnung** ins Chaos und findest im nächsten Jahr alle Unterlagen noch schneller.

6.1 Pflichtabgabe und freiwillige Abgabe

Liegt das Einkommen über dem Grundfreibetrag, muss es versteuert werden. Der Grundfreibetrag wird regelmäßig neu festgesetzt. Für 2022 beträgt er 10.347 Euro pro Jahr für Singles und 20.694 Euro für Verheiratete, die eine gemeinsame Steuererklärung abgeben. (2023: 10.908 Euro bzw. 21.816 Euro)

Wie viel Einkommensteuer du letzten Endes bezahlen musst, ist gestaffelt und abhängig von der Höhe des Einkommens. Unter Umständen muss auch eine Einkommensteuererklärung abgeben werden. In anderen Fällen kann man freiwillig eine Einkommensteuererklärung abgeben. Das ist nicht viel Aufwand und lohnt sich oft – denn gerade Leute, die freiwillig abgeben, erhalten oft Geld zurück!

Bei Arbeitnehmern zieht der Arbeitgeber die Lohnsteuer automatisch jeden Monat vom Gehalt ab und leitet diese an das Finanzamt weiter. Kommen jedoch weitere Einnahmen zum Hauptverdienst hinzu, liegen bestimmte Steuerklassenkombinationen oder andere Besonderheiten vor, kann die Abgabe einer Einkommensteuererklärung verpflichtend sein. In einem solchen Fall befürchtet der Staat nämlich, dass trotz gezahlter Lohnsteuer zu wenig Einkommensteuer abgeführt wurde. Die Abgabepflicht einer Steuererklärung für Arbeitnehmer ist in § 46 Einkommensteuergesetz (EStG) geregelt.

Arbeitnehmer müssen zum Beispiel eine Steuererklärung abgeben, wenn im betreffenden Steuerjahr

- Nebeneinkünfte von über 410 Euro erzielt wurden, die nicht dem Lohnsteuerabzug unterliegen,
- Freibeträge beim Lohnsteuerabzug in Anspruch genommen wurden (z.B. für Werbungskosten, außergewöhnliche Belastungen, Sonderausgaben etc.),
- mehr als 410 Euro an Arbeitslosen-, Kranken-, Kurzarbeiter-, Insolvenz-, Eltern- oder Mutterschaftsgeld bezogen wurde, die dem Progressionsvorbehalt unterliegen,
- mehrere Arbeitsverhältnisse mit unterschiedlichen Arbeitgebern parallel bestanden und nach Steuerklasse VI abgerechnet wurden,
- beide Ehepartner Arbeitslohn beziehen und die Steuerklassenkombination III/V oder IV/IV mit Faktor eingetragen wurde,
- ein im EU-Ausland lebender Ehepartner auf der elektronischen Lohnsteuerkarte berücksichtigt wurde,
- Kapitalerträge vorliegen, bei denen keine Abgeltungsteuer erhoben werden konnte,
- der Arbeitgeber gewechselt wurde und der neue Arbeitgeber die Werte der Lohnsteuerberechnung des vorherigen Arbeitgebers nicht berücksichtigt hat.

Außerdem muss eine Einkommensteuererklärung auch dann abgegeben werden, wenn das Finanzamt dazu auffordert.

Wer nicht dazu verpflichtet ist, eine Einkommensteuererklärung abzugeben, kann dies trotzdem auf freiwilliger Basis tun. Insbesondere bei hohen Werbungskosten, Sonderausgaben oder wenn sich die Steuerklasse geändert hat, kann sich die Steuererklärung durchaus lohnen.

6.2 Fristen

Wer zur Abgabe eine Einkommensteuererklärung verpflichtet ist, der sollte sich jährlich den 31.7. rot im Kalender markieren. Das ist der Zeitpunkt, bis zu dem die Steuererklärung beim zuständigen Finanzamt eingegangen sein muss: Der späteste Abgabetermin für die Steuererklärung für 2022 ist somit der 31.7.2023 (schlechtes Beispiel, denn es gibt ausnahmsweise eine Fristverlängerung: Die Abgabefrist wurde um zwei Monate verschoben und endet am 30.9.2023. Da dies ein Samstag ist, verschiebt sich der Termin sogar noch auf Montag, den 2.10.2023).

Wenn du die Frist versäumst und bereits vom Finanzamt angemahnt wurdest, musst du damit rechnen, dass das Finanzamt die Besteuerungsgrundlage nach einer Frist von 15 Monaten schätzt, Steuernachzahlungen festsetzt und anschließend einfordert. Das geht eigentlich nie zu deinem Vorteil aus. Hinzu kommen Verspätungszuschläge in Höhe von 0,25 % der anfallenden Einkommensteuer pro Säumnis-Monat, mindestens jedoch 25 Euro pro Monat.

Anders sieht die Frist bei der freiwilligen Steuererklärung aus. Sie beginnt zwar direkt nach Ablauf des Steuerjahres, endet jedoch erst nach vier Jahren. Der späteste Abgabetermin für die Steuererklärung für 2022 ist somit der 31.12.2026. Da gibt es allerdings nie eine Fristverlängerung, dieser Termin steht fest.

Fällt der Abgabetermin auf einen Sonn- oder Feiertag, muss dem Finanzamt die Steuererklärung spätestens am nächsten Werktag vorliegen. Das gilt sowohl für die verpflichtende als auch für die freiwillige Einkommensteuererklärung.

6.3 ELSTER

Die Steuererklärung kann man auf Papier beim Finanzamt abgeben (per Post schicken oder in den Briefkasten werfen), oder online an das Finanzamt senden. Dafür gibt es das kostenlose Programm »ELSTER« von der Steuerverwaltung. »Elster« ist in diesem Zusammenhang die Abkürzung für **EL**ektronische**ST**euer**ER**klärung.

»ELSTER« ist dabei zunächst einmal das Tool zur Übermittlung. Vorher musst du erst alle Formulare ausfüllen. Auch dafür gibt es ein kostenloses Programm vom Finanzamt: »MeinELSTER«. Oder du benutzt eine Steuersoftware dafür. Die gibt es zu unterschiedlichen Preisen (ungefähr zwischen 5 Euro und 40 Euro) von verschiedenen Herstellern. Außerdem sind in den vergangenen Jahren einige Apps auf den Markt gekommen, mit denen du die Steuererklärung mit dem Handy ausfüllen kannst.

Aber der Reihe nach ..:

6.3.1 Was ist »MeinELSTER«?

»MeinELSTER« ist eine kostenlose Webanwendung der Finanzverwaltung, mit der man seine Einkommensteuererklärung machen kann.

»MeinELSTER« funktioniert unter Windows, MacOS und Ubuntu Linux. Passend zu »MeinELSTER« gibt es noch für iOS und Android die »ELSTER Smart App«.

Neben der Möglichkeit, persönliche Steuerdaten einfach, schnell und sicher beim zuständigen Finanzamt abzugeben, gibt es bei »MeinELSTER« noch weitere Leistungen. Dazu gehört unter anderem der sogenannte »Belegabruf«. Dank dieser Funktion kannst du dir das Eintippen sämtlicher Daten sparen, die dem Finanzamt sowieso schon vorliegen. Dazu gehören unter anderem bereits vom Arbeitgeber einbehaltene steuerliche Abgaben, Kranken-, Renten-, Pflege- und Arbeitslosenversicherungsbeiträge sowie Vorsorgeaufwendungen. Also eigentlich deine komplette Lohnsteuerbescheinigung, die du immer am Jahresende bzw. zu Beginn eines Jahres für das vergangene Jahr erhältst.

Um den Belegabruf nutzen zu können, musst du einmalig einen Abrufcode anfordern, der anschließend per Post zugeschickt wird. Damit kannst du dann die bei deinem zuständigen Finanzamt hinterlegten Daten ganz einfach abrufen und im weiteren Verlauf per Knopfdruck für deine Steuererklärung übernehmen.

! Mit »MeinELSTER« übermittelte Formulare musst du zeitnah lokal speichern, wenn du sie später noch einmal ansehen oder für die eigenen Unterlagen zur Hand haben möchte. Spätestens mit der Übermittlung der Folgesteuererklärung können Nutzer nämlich auf die mit »MeinELSTER« übermittelten Formulare aus dem Vorjahr nicht mehr zugreifen.

Änderungen an bereits übermittelten Formularen sind in »MeinELSTER« möglich, indem man die Steuererklärung erneut erstellt, die gewünschten Änderungen vornimmt und die Formulare dann erneut übermittelt.

6.3.2 Was ist besser: »MeinELSTER« oder eine gekaufte Software?

Auch wenn »MeinELSTER« etwas benutzerfreundlicher geraten ist als seine Vorgänger, ist es nicht wirklich intuitiv bedienbar.

Das liegt vor allem an den mehr als dürftigen Ausfüllhilfen und am komplizierten Behördendeutsch: Wer die steuerlichen Fachbegriffe nicht kennt (und wer tut das schon?), muss die Bedeutung des Fachbegriffs parallel zur Nutzung suchen. Außerdem ist nicht wirklich ersichtlich, welche Daten wo eingetragen werden sollen. Das ist nicht nur lästig, sondern stiftet Verwirrung und kostet zudem unheimlich viel Zeit. Zudem gibt es bei »MeinELSTER« keine sinnvollen Hinweise darauf, wie du Steuern sparen oder welche Freibeträge du nutzen kannst.

! Fazit: Nur wer sich bereits etwas mit der Materie »Steuern« auskennt, für den ist »MeinELSTER« gut zu bedienen. Für Einsteiger gibt es einfachere und bessere Alternativen.

Der Kauf einer Steuersoftware lohnt sich also. Und für den Anfang reicht auf jeden Fall eine der günstigeren Varianten – Zusatzfunktionen wie die Abrechnung von Photovoltaikanlagen, Kapitaleinnahmen aus dem Ausland, Einnahmen aus einer vermieteten Wohnung usw. haben nur wenige Berufsanfänger.

Wir haben unsere Software »SteuerSparErklärung« in den direkten Vergleich mit MeinELSTER geschickt, mit folgendem Ergebnis:

	SteuerSpar Erklärung	**MeinElster**
Steuerformulare		
Einkommensteuererklärung (inkl. aller Anlagen)	Ja	Ja
Antrag auf Lohnsteuer-Ermäßigung	Ja	*Nein*
Anträge (Fristverlängerung, Einspruch usw.)	Ja	Ja
Lohnsteuer-Ermäßigungen (inkl. Steuerklassenempfehlung, Antrag auf Steuerklassenwechsel etc.)	Ja	*Nein*
Ausfüllhilfen		
Hilfe zu jedem Eingabefeld	Ja	Ja
Vorjahresvergleich mit Gegenüberstellung aller Einnahmen und Ausgaben	Ja	*Nein*
Einspruchsgenerator (formuliert, abhängig von den Abweichungen, den passenden Einspruch beim Finanzamt)	Ja	*Nein*
Tipps & Tricks		
Steuer-Spartipps	Ja	*Nein*
Tipps direkt bei der Erfassung	Ja	*Nein*
Optimierung der Steuererklärung (z.B. für die optimale Veranlagungsart)	Ja	*Nein*
Für Einsteiger (Tipps & Tricks als Video oder Text)	Ja	*Nein*
Individuelle Tipps für das nächste Steuerjahr	Ja	*Nein*

	SteuerSpar Erklärung	**MeinElster**
Überprüfungen		
Steuerprüfer für die abschließende Prüfung der Steuererklärung	Ja	*Nein*
Prüfung des elektronischen Steuerbescheids	Ja	Ja
Plausibilitätsprüfung während der Eingabe	Ja	Ja

! Bei der Verwendung einer Steuersoftware wie der »SteuerSpar-Erklärung« musst du kein Steuerexperte sein. Die Software nimmt dich an die Hand und begleitet dich wie ein privater, aber digitaler Steuerberater Schritt für Schritt durch deine Steuererklärung.

6.3.3 So registrierst du dich bei ELSTER

Um deine Steuererklärung mit ELSTER an das Finanzamt zu schicken (egal, ob du sie mit »MeinELSTER« erstellt hast, mit einer gekauften Software oder eine App), brauchst du ein ELSTER-Benutzerkonto und das ELSTER-Zertifikat.

Ein ELSTER-Zertifikat (oder: ELSTER-Signatur) ist wie eine elektronische Unterschrift. Über das Zertifikat kann die Finanzverwaltung eindeutig feststellen, wer die Steuererklärung versendet hat. Um sicherzustellen, dass das Zertifikat auch wirklich einer bestimmten Person gehört, werden beim Antragsverfahren besondere Vorsichtsmaßnahmen getroffen.

Zunächst musst du dich dazu bei »ELSTER« registrieren. ELSTER bietet dir aber auch einige Funktionen, die du als Privatperson wahrscheinlich nicht benötigst. So können zum Beispiel verschiedene Steueranmeldungen direkt über ELSTER versendet werden. Lass dich also von den vielen Hinweise auf der ELSTER-Homepage nicht verwirren.

Du kannst dich zwischen mehreren Zertifikat-Varianten entscheiden. Wir empfehlen dir die kostenlose »Zertifikatsdatei« (manchmal auch ELSTER*Basis* genannt), weil du damit keine Zusatzkosten hast. Für den Privatanwender ist dieses Verfahren auch ausreichend sicher.

So erhältst du dein ELSTER-Zertifikat

- Gehe auf elster.de und dort auf »Benutzerkonto erstellen«.
- Klicke auf »weiter«, bis du dich für ein Verfahren entscheiden kannst (Zertifikatsdatei, Personalausweis, Sicherheitsstick oder Signaturkarte). Wir empfehlen dir die kostenlose Zertifikatsdatei.
- Gib im folgenden Registrierungsprozess deine Daten ein.
- Du bekommst eine E-Mail *und* nach einigen Tagen einen Brief von deinem Finanzamt.
- Melde dich erstmalig bei »MeinELSTER« an. Dabei wird dein vorläufiges Zertifikat durch das »richtige« Zertifikat ersetzt.

Du kannst deine Steuererklärung jetzt komplett papierlos mit Zertifikat versenden.

Falls du die »SteuerSparErklärung« für die Erstellung der Steuererklärung benutzt, achte darauf, dass die richtige Versandart ausgewählt ist. Versendest du mit Zertifikat, wirst du beim Versand nach deiner PIN-Nummer gefragt.

! Bei der Registrierung ist Geduld gefragt, die digitale und postalische Zusendung der zwingend benötigten Aktivierungsdaten für die Freischaltung dauern mitunter schon mal mehrere Wochen. Kurz vor Ablauf der Frist noch schnell die Steuererklärung erstellen und abgeben, ist mit ELSTER Online also leider nicht möglich.

Sobald dir die Aktivierungsdaten vorliegen, kannst du deine Zertifikatsdatei herunterladen und dich mit dieser beim ELSTER-Portal einloggen. Das Zertifikat musst du bei jeder Anmeldung in ELSTER hochladen. Sich von unterwegs bei ELSTER anzumelden ist von einem fremden Computer ohne die Zertifikatsdatei also nicht möglich.

Löschst oder »verlierst« du diese Datei, musst du erneut ein Zertifikat beantragen.

10 Dinge, die du über den Versand deiner Steuererklärung mit elektronischem Zertifikat wissen solltest

- Du musst keine Steuererklärung ausdrucken und unterschrieben an das Finanzamt senden.
- Es müssen keine Belege mehr zusammen mit der Steuererklärung eingereicht werden.
- Vom Finanzamt angeforderte Belege müssen weiterhin per Post, also im Original, eingereicht werden.
- Der Versand mit Zertifikat ist sicher. Die Finanzverwaltung kann nachprüfen, wer die Steuererklärung versendet hat.
- Ehepaare brauchen nur ein Zertifikat.
- Alle ELSTER-Varianten funktionieren mit der SteuerSparErklärung.
- Die einfachste Signatur-Versandart – ELSTER Zertifikatsdatei – ist kostenlos.
- Um ein Zertifikat zu erhalten, musst du dich bei ELSTER registrieren.
- Die Registrierung bei ELSTER bzw. deren Bestätigung erfolgt über Post- und E-Mail-Verkehr. Es dauert also einige Tage, bis du deine Steuererklärung mit Zertifikat versenden kannst.
- Die Signatur ist mit einer PIN geschützt.

6.3.4 ELSTER-Zertifikat verlängern

Das Zertifikat ist drei Jahre gültig. Wenn dein ELSTER-Zertifikat in nächster Zeit abläuft, wirst du 90, 30 und zwei Tage vor dem Ablaufdatum daran erinnert. Zudem solltest du kurz vor Ablauf des Zertifikats einen entsprechenden Hinweis nach dem Log-in angezeigt bekommen.

Klicke auf »jetzt verlängern« und anschließend auf die Option »durchsuchen«. Wähle die bisherige Zertifikatsdatei auf deinem Rechner aus und vergib einen Namen und ein Passwort für die neue Datei. Mit dem Klick auf »verlängertes Zertifikat speichern« wird das verlängerte bzw. neue ELSTER-Zertifikat heruntergeladen und kann lokal auf deinem Rechner gespeichert werden.

6.4 Steuer-Identifikationsnummer

2008 hat jeder, der in Deutschland einen Wohnsitz angemeldet hatte, eine Steuer-Identifikationsnummer mitgeteilt bekommen. Allerdings ist das nicht immer ganz glatt gelaufen – manchmal wurden Nummern doppelt vergeben oder es wurde jemand vergessen.

Wer erst später einen Wohnsitz in Deutschland anmeldet bzw. angemeldet hat, bekommt die Steuer-Identifikationsnummer, sobald die Meldebehörde die Daten an das Bundeszentralamt für Steuern (BZSt) übermittelt hat. Trifft die Steuer-Identifikationsnummer nicht innerhalb von drei Monaten ein, kannst du dich an das BZSt wenden. Dort werden die Nummern verwaltet.

Eltern erhalten die Steuer-Identifikationsnummer für ihre Kinder, nachdem die Meldebehörde die Daten an das BZSt weitergegeben hat.

Falls du keine Steuer-Identifikationsnummer bei deinen Unterlagen hast, dann frag am besten erst einmal deine Eltern, ob sie den Brief mit deiner Nummer vielleicht bei ihren Sachen abgelegt haben. Falls nicht, kannst du dir die Nummer kostenlos neu zuschicken lassen.

Dafür gehst du auf die Internetseite des Bundeszentralamts für Steuern (bzst.de) und wählst den Bereich »Privatpersonen«. Dort gibt es einen Punkt »Wie komme ich an meine IdNr?«. Hinter dem (etwas missverständlich beschrifteten) Button »mehr erfahren« verbirgt sich das Formular, über das du die Steuer-ID neu anfordern kannst.

Deine Einkommensteuererklärung kannst du aber sogar auch ohne IdNr beim Finanzamt einreichen, denn das Finanzamt kennt die Nummer. Dann erfährst du sie mit dem Steuerbescheid, da steht sie nämlich auch drauf.

6.5 Welche Unterlagen braucht man?

Um die Formulare für die Steuererklärung ausfüllen zu können (egal, ob in einer App, mit einer Software oder auf Papier), musst du einige Unterlagen griffbereit haben.

Die wichtigsten Dinge, die du gleich am Anfang deiner Steuererklärung brauchst, sind

- deine Steuer-Identifikationsnummer,
- deine Bankverbindung und
- der Ausdruck deiner elektronischen Lohnsteuerbescheinigung (die kannst du auch per Elster abrufen, wenn du eine Software oder App benutzt. Die Daten werden dann automatisch in deine Steuererklärung übernommen).

Falls du deine Steuererklärung mit einer App oder Software erstellst, brauchst du immerhin nicht die Formulare in Papierform – aber auch so wird der Schreibtisch ganz schön voll.

! Die Belege und Bescheinigungen musst du nicht mit deiner Steuererklärung zusammen beim Finanzamt einreichen – aufheben solltest du sie aber schon, denn vielleicht will das Finanzamt sie sehen.

Diese Unterlagen brauchst du:

Unterlagen rund um die Arbeit

- Fahrtkosten Wohnung-Arbeitsplatz: Angabe der Entfernung, Anzahl der Arbeitstage, ggf. Übersicht zu Unfallkosten;
- Beiträge zu Gewerkschaften und Berufsverbänden;
- Ausgaben für Arbeitsmittel (z.B. Fachliteratur, Laptoptasche, Werkzeug) und Berufsbekleidung (z.B. Sicherheitsschuhe);
- Kosten für die berufliche Nutzung des eigenen Computers und Nachweis/Übersicht über den Anteil der beruflichen Nutzung;
- Nachweise/Übersicht über beruflich bedingte Telefonkosten (Einzelverbindungsnachweis) und Internetkosten;
- Übersicht über Fortbildungskosten und Nachweise zu Gebühren, Fahrtkosten, Lernmaterialien usw. mit genauer Angabe zu Zeit, Ort und Art der Fortbildung;
- Nachweise zu Bewerbungskosten (Kopien, Bewerbungsfotos, Bewerbungsmappen, Porto, Fahrtkosten usw.);
- bei doppelter Haushaltsführung: Nachweise über Fahrtkosten, Familienheimfahrten, Kosten des Haushaltes am Arbeitsort usw.;
- Aufstellung der Umzugskosten bei einem beruflich bedingten Umzug;
- beruflich bedingter Anteil der Beiträge zu privaten Unfallversicherungen und Rechtsschutzversicherungen.

Unterlagen rund um Versicherungen

- Beitragsnachweise zu privaten Rentenversicherungen;
- Bescheinigung über Altersvorsorgebeiträge (Riester-Rente);
- Beitragsnachweise zu Lebensversicherungen und Risiko-Lebensversicherungen;

- Bescheinigungen der Krankenkassen über die Beiträge zu Kranken- und Pflegeversicherung (nur wenn die Angaben nicht in der Lohnsteuerbescheinigung auftauchen) – auch Bescheinigungen über Beitragserstattungen;
- Beitragsnachweis zu Unfallversicherungen;
- Beitragsnachweise zu Haftpflichtversicherungen (Privathaftpflicht, Kfz-Haftpflicht).

Weitere Unterlagen, die wichtig sein können

- Belege zu Steuerberatungskosten (dazu gehören z.B. auch die Quittung für deine Steuer-Software);
- Bescheinigung über vermögenswirksame Leistungen (VL-Bescheinigung);
- Nachweise über Fehlzeiten wegen Arbeitslosigkeit, Mutterschaft oder Krankheit; Leistungsbescheide und Mitteilungen der Bundesagentur für Arbeit oder der Krankenkasse über geleistete Zahlungen;
- Nachweise über Arzt- und Krankenhauskosten;
- Quittungen für Zuzahlungen bei Brillen;
- Übersicht zu Zuzahlungen bei ärztlich verordneten Medikamenten (wenn du eine Kundenkarte deiner Apotheke hast, kannst du dir von der Apotheke eine Liste aller Medikamentenzahlungen des betreffenden Jahres ausdrucken lassen);
- Rechnungen und Überweisungsnachweise bei haushaltsnahen Dienstleistungen und Handwerkerleistungen – wenn du zur Miete wohnst, tauchen einige dieser Kosten in der Nebenkostenabrechnung auf und dürfen in der Steuererklärung angegeben werden (z.B. Treppenhausreinigung, Winterdienst).

Die Belege und Bescheinigungen musst du nicht mit deiner Steuererklärung zusammen beim Finanzamt einreichen – aufheben solltest du sie aber schon, denn vielleicht will das Finanzamt sie sehen.

6.6 Steuerformulare ausfüllen

Für die Steuererklärung musst du die amtlichen Formulare nutzen und ausfüllen. Für Privatpersonen und Arbeitnehmer ist es noch immer erlaubt, die Formulare für die Steuererklärung von Hand auszufüllen. Die Formulare erhält man kostenlos beim Finanzamt oder im Internet, zum Beispiel auf steuertipps.de.

Die meisten Steuerpflichtigen verwenden aber inzwischen eine App oder eine Software, um die Formulare auszufüllen. Eine Software hat den Vorteil, dass sie die Eingaben auf Plausibilität prüft und Tipps gibt, welche Kosten man noch angeben kann.

! Leider kannst du nicht einfach die Angaben zu mehreren Jahren in das gleiche Formular schreiben – da sich im Steuerrecht häufig etwas ändert, gibt es jedes Jahr neue Formulare und auch neue Software. Es gibt keine Steuer-Software mit »jahresübergreifenden« Updates.

Man gibt also die Daten am Computer mithilfe einer Software ein und druckt dann alles auf ganz normalem Papier aus – die Formulare werden mitgedruckt. Es geht aber auch ganz ohne Papier. Das ist dann der elektronische Versand per »ELSTER«, das steht für ELektronische STeuerERklärung. Dafür entscheiden sich inzwischen die meisten Steuerzahler. Weniger verbreitet sind bisher Apps für die Steuererklärung – aber auch sie nutzen den Versand per »ELSTER«.

! Falls du dich fürs Ausdrucken entscheidest: Achte darauf, dass die selbst ausgedruckte Steuererklärung gut zu lesen ist und spare nicht zu sehr an der Druckqualität. Denn eine unleserliche Steuererklärung darf das Finanzamt zurückweisen. Die Steuererklärung gilt dann als nicht abgegeben! Das ist besonders dann ärgerlich, wenn dadurch Fristen versäumt werden.

Wenn du eine App oder Software benutzt, merkst du meistens gar nicht, welches Formular du ausfüllst, denn die Namen der Formulare werden dort in der Regel nicht genannt. Das ist aber egal – denn durch die Fragen, mit denen du durch die App oder Software geführt wirst, füllst du automatisch die richtigen Formulare aus.

Trotzdem solltest du wissen, wie die Formulare heißen und um was es dort jeweils geht. Das sind die wichtigsten Formulare im Überblick:

Formular	**Anwendungsfall**
Mantelbogen	jeder
Anlage N	Arbeitnehmer
Anlage Haushaltsnahe Aufwendungen	Handwerkerkosten, Ausgaben für haushaltsnahe Dienstleistungen
Anlage Außergewöhnliche Belastungen	Behinderungsbedingte und krankheitsbedingte Kosten
Anlage Sonderausgaben	Spenden, Kirchensteuer
Anlage Vorsorgeaufwand	Versicherungsbeiträge
Anlage AV	Riester-Rente
Anlage KAP	Kapitalanleger
Anlage AUS	ausländische Kapitaleinkünfte
Anlage S	Freiberufler, andere Selbstständige (§ 18 EStG)
Anlage G	Gewerbetreibende (§ 15 EStG)
Anlage EÜR	Freiberufler, andere Selbstständige (§ 18 EStG)
Anlage VL	vermögenswirksame Leistung und Arbeitnehmer-Sparzulage

Das waren die wichtigsten Formulare, die dir bei den ersten paar Steuererklärungen begegnen könnten. Es gibt aber noch zahlreiche weitere Anlagen – zum Beispiel für den Fall, dass du Kinder hast, eine Wohnung oder ein Haus vermietest, Unterhalt bezahlst und so weiter.

! Alle Formulare kannst du dir auf steuertipps.de im Service-Bereich anschauen. Zum Ausfüllen solltest du eine App oder Software benutzen – das reduziert die Fehleranfälligkeit erheblich! Denn eine App oder Software führt dich meist nicht offensichtlich von Formular zu Formular, sondern fragt Situationen, Ausgaben und Einnahmen ab und schreibt die Angaben automatisch im richtigen Formular an die richtige Stelle.

Mantelbogen – das »Hauptformular« der Steuererklärung

Den Mantelbogen müssen alle unbeschränkt Steuerpflichtigen abgeben, also Steuerpflichtige mit Wohnsitz und Einkünften in Deutschland. Im Mantelbogen wird zum Beispiel nach Name, Adresse, Beruf, Kontoverbindung, Religionszugehörigkeit usw. gefragt, aber auch Spenden und Mitgliedsbeiträge, Angaben zu Behinderungen etc. trägst du hier ein.

Der Name »Mantelbogen« kommt übrigens daher, dass man früher diesen DIN A3-Bogen wie einen »Mantel« um die anderen Steuerformulare gelegt hat, um die Steuererklärung ordentlich abzugeben. Die offizielle Bezeichnung des Formulars lautet »Hauptformular ESt 1 A«.

Anlage N für Arbeitnehmer (»Einkünfte aus nichtselbständiger Arbeit«)

In die Anlage N gehören im Wesentlichen der Arbeitslohn und die Werbungskosten (z.B. die Pendlerpauschale/Entfernungspauschale für den Weg zur Arbeit, Kosten für ein Arbeitszimmer oder Angaben zu einer doppelten Haushaltsführung).

Anlage Haushaltsnahe Aufwendungen

In der »Anlage Haushaltsnahe Aufwendungen« trägst du zum Beispiel Ausgaben für Handwerkerkosten ein. Wenn du zur Miete wohnst, tauchen einige dieser Kosten in der Nebenkostenabrechnung auf und dürfen in der Steuererklärung angegeben werden (z.B. Treppenhausreinigung, Winterdienst).

Anlage Außergewöhnliche Belastungen

Die »Anlage Außergewöhnliche Belastungen« brauchst du, wenn du eine Behinderung hast oder dir aufgrund einer Krankheit Kosten entstanden sind.

Anlage Sonderausgaben

Die »Anlage Sonderausgaben« musst du zum Beispiel dann abgeben, wenn du Kirchensteuer bezahlen musst. Auch Spenden werden hier eingetragen.

Anlage Vorsorgeaufwand für Versicherungsbeiträge

In der Anlage Vorsorgeaufwand gibst du alle Versicherungsbeiträge für die Altersvorsorge an. Im Steuerrecht spricht man hier von »Sonderausgaben«. Neben den Beiträgen zur gesetzlichen Renten-, Arbeitslosen-, Kranken- und Pflegeversicherung können auch Beiträge zu privaten Kranken- und Pflegeversicherungen, Erwerbs- und Berufsunfähigkeitsversicherungen sowie Unfall- und Haftpflichtversicherungen eingetragen werden. Unter bestimmten Voraussetzungen gehören auch Lebensversicherungen zu den abzugsfähigen Kosten.

Anlage AV für Einzahlungen in eine Riester-Rente

Hier trägst du die Angaben zu deinem Riestervertrag ein, falls du einen abgeschlossen hast. Das Finanzamt prüft dann im Rahmen der sogenannten Günstigerprüfung, welche Förderung (Zulage oder Sonderausgabenabzug) in deinem Fall günstiger ist.

Anlage KAP für Kapitalanleger

Die Abgabe der Anlage KAP ist durch Einführung der Abgeltungsteuer nur noch selten verpflichtend: Nur wenn du Kapitalerträge erzielst, für die keine Abgeltungsteuer einbehalten wird, musst du die Anlage KAP abgeben.

Oft lohnt sich aber die freiwillige Abgabe der Anlage KAP: Wenn dein Einkommen so niedrig ist, dass dein durchschnittlicher Steuersatz unter 25 % liegt, dann bekommst du »zu viel« gezahlte Abgeltungsteuer zurück (zur Veranschaulichung: Wenn dein durchschnittlicher Steuersatz nur bei 20 % liegt, werden deine Kapitaleinnahmen auch nur mit 20 % besteuert und nicht mit 25 % – was während des Jahres von den Banken zu viel abgezogen wurde, bekommst du durch die Abgabe der Anlage KAP zurück).

Anlage VL für vermögenswirksame Leistung und Arbeitnehmer-Sparzulage

Um die Arbeitnehmer-Sparzulage zu beantragen und erhalten, musst du die Anlage VL ausfüllen. Normalerweise bekommst du diese Anlage von der Bank bzw. dem Kreditinstitut zugeschickt, bei dem deine vermögenswirksame Anlage erfolgt. Falls sie dir nicht vorliegt: bitte nachfragen! Denn ohne Anlage VL gibt es keine Arbeitnehmer-Sparzulage.

6.7 Zuständiges Finanzamt

Deine Steuererklärung gibst du bei dem Finanzamt ab, in dessen Bezirk du zum Zeitpunkt der Abgabe wohnst. Man spricht deshalb auch von »Wohnsitzfinanzamt«.

»Abgeben« heißt natürlich nicht zwangsläufig, dass du dort vorbeigehen musst, um einen Umschlag mit den Unterlagen in den Briefkasten zu werfen. Auch wenn du eine App oder Software benutzt, spricht man von »Abgabe«. Die ist dann eben elektronisch. Du musst aber immer in der Steuererklärung das zuständige Finanzamt angeben – darum ist es wichtig, sich mit dem Thema zu beschäftigen, denn wie so oft, gibt es auch hier ein paar Sonderfälle und Ausnahmen.

Wenn du mehrere Wohnsitze hast, kommt es darauf an, ob du verheiratet bist oder nicht:

- Bei Verheirateten ist der Wohnsitz maßgebend, an dem sich die Familie hauptsächlich aufhält – egal, ob ihr Zusammenveranlagung oder Einzelveranlagung wählt.
- Bei Nichtverheirateten zählt der Wohnsitz, an dem sie sich vorwiegend aufhalten. Das kann auch der Zweitwohnsitz sein!

Wenn du gerade umgezogen bist, gibst du deine Steuererklärung beim Finanzamt des neuen Wohnsitzes ab.

Bei einem Umzug nach der Abgabe der Steuererklärung oder nachdem du Einspruch gegen deinen Steuerbescheid eingelegt hast, ist ebenfalls das Finanzamt an deinem neuen Wohnsitz für dich zuständig – und zwar ab dem Zeitpunkt, in dem das alte oder das neue Finanzamt von deinem Umzug erfährt.

Manchmal ist es aber praktischer, wenn das bisherige Finanzamt die Sache zu Ende bringt: Das ist möglich, wenn das neue Finanzamt zustimmt und es »unter Wahrung der Interessen der Beteiligten [das bist auch du] der einfachen und zweckmäßigen Durchführung des Verfahrens dient« (so steht es in § 26 der Abgabenordnung).

Normalerweise bittet das Finanzamt dich, dass du dich dazu äußerst. Wirklichen Einfluss darauf, welches Finanzamt die Bearbeitung übernimmt, hast du aber nicht.

Du ziehst um, nachdem du den Steuerbescheid erhalten, aber bevor du Einspruch eingelegt hast? Dann schick dein Einspruchsschreiben am besten an dein altes Finanzamt, das den Steuerbescheid erlassen hat. Schreib aber auch gleich deine neue Adresse dazu.

Es ist zwar auch möglich, den Einspruch beim neuen Finanzamt einzulegen. Davon raten wir aber ab! Denn das neue Finanzamt muss dem alten dein Einspruchsschreiben innerhalb der Einspruchsfrist übermitteln. Stell dir vor, du legst erst am letzten Tag der Frist Einspruch ein. Das alte Finanzamt erhält aber erst nach Ablauf der Einspruchsfrist dein Schreiben – die Einspruchsfrist ist damit versäumt.

6.8 Steuerbescheid prüfen

Nachdem das Finanzamt deine Steuererklärung bearbeitet hat, erhältst du einen Steuerbescheid. Diesen solltest du genau lesen, denn auch das Finanzamt macht Fehler!

Im Steuerbescheid steht, welche Kosten berücksichtigt wurden und wie viel Steuern du für ein Jahr endgültig zahlen müssen. Gleichzeitig werden ggf. der Solidaritätszuschlag und die Kirchensteuer festgesetzt. Auch Zinsen, Verspätungs- oder Säumniszuschläge werden im Steuerbescheid genannt.

Sobald du den Steuerbescheid bekommst, hast du einen Monat Zeit, um auf ihn zu reagieren. Innerhalb dieser Einspruchsfrist musst du nicht nur den Steuerbescheid überprüfen, sondern auch noch Einspruch einlegen, falls der Steuerbescheid von deiner Steuererklärung abweicht und du ihn korrigieren lassen möchtest. Nach einem Monat ist Schluss, danach geht nichts mehr.

Schritt 1: Vergleiche das Endergebnis im Steuerbescheid mit deiner Berechnung: Bekommst du bei einer Steuererstattung den Betrag, den du erwartet hast? Musst du bei einer Steuernachzahlung den Betrag zahlen, den du ausgerechnet hast?

Wenn das so, ist hat das Finanzamt vermutlich alles so gemacht, wie du es in der Steuererklärung beantragt hast.

Trotzdem solltest du die einzelnen Werte prüfen – und zwar aus zwei Gründen: Zum einen kann es sein, dass das Finanzamt zwar bestimmte Kosten anerkannt hat, dies aber im nächsten Jahr nur noch unter bestimmten Voraussetzungen tun will. Zum anderen sind einige Beträge im Steuerbescheid die Grundlage für bestimmte Leistungen. Deshalb müssen sie stimmen, sonst kann es sein, dass die Leistungen geringer ausfallen oder ganz wegfallen.

Stimmt das Endergebnis im Steuerbescheid nicht mit der Berechnung überein, hat das Finanzamt wahrscheinlich etwas gestrichen. Dann musst du tatsächlich alle Werte einzeln durchgehen.

Schritt 2: Lies die Hinweise und Erläuterungen im Steuerbescheid: Wenn das Finanzamt etwas geändert oder Ausgaben nicht anerkannt hat, findest du in den Erläuterungen zum Steuerbescheid die entsprechenden Anmerkungen des Sachbearbeiters dazu. Wenn die Änderung aus deiner Sicht nicht berechtigt sind, kannst du Einspruch einlegen.

Manchmal helfen aber die Erläuterungen zum Steuerbescheid nicht weiter und eine Abweichung ist auch nach Überprüfung der einzelnen Werte nicht nachvollziehbar. Dann solltest du ebenfalls Einspruch einlegen und dir vom Finanzamt die Differenz erklären lassen.

6.9 Einspruch einlegen

Ein Einspruch muss schriftlich eingelegt werden, und zwar innerhalb eines Monats nach Zugang des Steuerbescheids. Wenn die Frist auf einen Samstag, Sonntag oder Feiertag endet, verlängert sie sich bis zum nächsten Werktag.

Der Einspruch ist zunächst auch ohne Angabe von Gründen wirksam, die Begründung muss dann aber nachgereicht werden. Verschiedene kostenlose Musterbriefe dazu findest du auf steuertipps.de im Bereich »Service«.

Ein Einspruch kostet nichts. Allerdings kann es natürlich sein, dass das Finanzamt den Einspruch ablehnt. Dann musst du überlegen, ob es sich lohnt, vor Gericht zu gehen. Dort fallen dann Gebühren an.

Wenn du Angaben vergessen haben, das Finanzamt zu Unrecht oder ohne Begründung etwas abgelehnt hat oder du von einem Steuervorteil nichts gewusst hast, solltest du Einspruch einlegen. Auch bei älteren Steuerbescheiden ist dann manchmal noch etwas zu retten.

Wie du vorgehen musst, hängt davon ab, ob der Steuerbescheid bestandskräftig ist oder nicht.

Solange dein Steuerbescheid noch nicht bestandskräftig ist, ist er »offen«. Eine Änderung zu deinem Vorteil ist dann noch einfach und unproblematisch.

In den drei folgenden Fällen ist ein Steuerbescheid noch nicht bestandskräftig und eine Änderung unproblematisch:

- **Du hast den Steuerbescheid erst vor Kurzem erhalten:** Legst du innerhalb eines Monats nach Erhalt des Steuerbescheids Einspruch ein, kann der Steuerbescheid noch in jedem Punkt geändert werden.
- **Der Steuerbescheid ist vorläufig:** Ein solcher Steuerbescheid bleibt in ganz bestimmten Punkten offen. In allen übrigen Punkten ist der Steuerbescheid nach Ablauf der Einspruchsfrist bestandskräftig. Welche das sind, steht in den Erläuterungen zum Steuerbescheid. Solange einzelne Punkte vorläufig sind, ist die Änderung des Steuerbescheids in diesen vorläufigen Punkten auch nach vielen Jahren noch möglich.
- **Der Steuerbescheid steht unter dem Vorbehalt der Nachprüfung:** Ein solcher Steuerbescheid ist in keinem einzigen Punkt bestandskräftig – auch wenn die Einspruchsfrist längst abgelaufen ist. Eine Änderung ist ohne Einschränkungen und Hindernisse jederzeit möglich – solange der Vorbehalt besteht. Du musst nur die Festsetzungsfrist beachten: Nach Ablauf dieser Frist fällt der Vorbehalt der Nachprüfung einfach weg, der Steuerbescheid kann dann nicht mehr korrigiert werden.

6.9.1 Was ist ein bestandskräftiger Steuerbescheid?

Ein Steuerbescheid ist bestandskräftig, wenn

- die Einspruchsfrist von einem Monat verstrichen ist,
- du keinen Einspruch eingelegt hast und
- der Steuerbescheid nicht vorläufig ist und nicht unter dem Vorbehalt der Nachprüfung steht.

Ist der Steuerbescheid erst einmal bestandskräftig, kann er nur noch unter ganz bestimmten Voraussetzungen geändert werden. Die Änderung eines bestandskräftigen Steuerbescheids soll nämlich aus Gründen der Rechtssicherheit eher die Ausnahme als die Regel sein.

Wenn du mit dem Gedanken spielst, gegen einen bestandskräftigen Steuerbescheid vorzugehen, solltest du dich an einen Fachmann wenden, beispielsweise einen Steuerberater oder einen Lohnsteuerhilfeverein.

6.9.2 Was ist ein vorläufiger Steuerbescheid?

Manchmal kann das Finanzamt nicht alle Unklarheiten klären, bevor es einen Steuerbescheid erlässt. Damit man als Steuerzahler in solchen Fällen nicht monate- oder gar jahrelang auf seinen Steuerbescheid warten muss, darf das Finanzamt einen vorläufigen Steuerbescheid erlassen.

Die Vorläufigkeit betrifft nicht den gesamten Steuerbescheid, sondern nur einen oder auch mehrere einzelne Punkte. Der Steuerbescheid bleibt deshalb auch nur in diesen Punkten offen. Nur diese Punkte können später noch geändert werden. Alles andere nicht mehr.

6.10 Unterlagen fürs nächste Mal ordentlich sammeln

Wer gerne Dokumente das Jahr über einfach auf einen Stapel oder in eine Schublade legt und sich dann lieber den schönen Dingen des Lebens widmet, dem seien hier ein paar Tipps an die Hand gegeben, wie man den Stapel wegbekommt und Ordnung in den Unterlagen schafft. Denn erfahrungsgemäß ist die Motivation, künftig Ordnung zu halten, nach der Steuererklärung am größten – dann geht es beim nächsten Mal nämlich (noch) schneller.

Also, Ärmel hoch und los geht's!

Was brauchst du nun dafür:

- Zeit, am besten mehrere Tage immer mal wieder zwei Stunden
- Einen A4 Schreibblock
- Einen Filzstift
- Einen großen leeren Papierkorb
- Einige Ordner
- Ggf. Register
- Locher

Schritt 1: Aussortieren

Gehe deine(n) Stapel und Ordner nacheinander durch und sortiere kräftig aus.

Wegwerfen kannst du zum Beispiel: Alle Anschreiben, gekündigte Verträge, abgeschlossene Schadensfälle etc. Also alles, was wirklich endgültig abgeschlossen ist oder nicht wirklich benötigt wird (beachte aber ggf. gesetzliche Aufbewahrungsfristen).

Während des Ausmistens notierst du dir auf dem Block Kategorien von Dokumenten, denen du begegnest: zum Beispiel Wohnung, Auto, Bank, Zeugnisse, Rentenversicherung, Krankenversicherung usw.

Wenn du das geschafft hast, machst du erst einmal Pause oder am nächsten Tag weiter.

Schritt 2: Dokumente ordnen

Sortiere jetzt alle Dokumente vom Stapel und aus deinen Ordnern jeweils einer der von dir notierten Kategorien zu.

Am besten machst du für jede Kategorie einen Stapel auf und sortierst chronologisch: unten alt, oben neu.

Spätestens jetzt hast du dir aber eine Pause verdient!

Schritt 3: Ordner festlegen und befüllen

Jetzt geht es darum, die Kategorien zu sinnhaften Ordnern zusammenzufügen und dann die Dokumente getrennt nach Kategorie in die Ordner einzusortieren. Sinnhafte Ordner können zum Beispiel sein:

- Persönliches: Geburtsurkunde, Meldebestätigung, Heiratsurkunde, Aufenthaltstitel, Vollmachten, Impfausweis usw.
- Beruf: Zeugnisse und Zertifikate aller Art, Arbeitsvertrag
- Wohnung: Mietvertrag, Stromvertrag, Nebenkostenabrechnung, Telefon und Internet, Garantiescheine von Geräten, usw.
- Versicherungen: Krankenversicherung, Hausrat-, Haftpflicht-, Unfallversicherung, usw.
- Freizeit und Mobilität: BahnCard, Auto, Carsharing, Mitgliedschaften, Rechnungen
- Immobilie: Grundbucheintrag, Kaufvertrag, Abrechnungen, Einnahmen, Gebäudeversicherung
- Rente und Vermögen: Rentenversicherung (gesetzlich, betrieblich und privat), Aktien, ETFs, Geldanlagen
- Steuern und Finanzen: Kontoauszüge, Banken-Schriftverkehr, Freistellungsaufträge, Steuerbescheide, Steuererklärung, Belegsammlung

Sobald du die Ordner entsprechend festgelegt und bestückt hast, beschrifte sie. Es empfiehlt sich, zukünftig am besten monatlich die Ablage entsprechend einzusortieren.

Jetzt bist du mit dem wichtigsten durch! Glückwunsch!

Bonus – Schritt 4: Digitalen Ordner anlegen

Wer auf Nummer sicher gehen will, der sollte die wichtigsten Ordner, insbesondere den Ordner »Persönliches« digitalisieren.

Für den Fall, dass die Wohnung mal brennt oder einer Flut zum Opfer fällt, kann das sehr praktisch sein.

Index